Ludwig Geiger

Mittheilungen aus Handschriften

Beiträge zur Deutschen Literaturgeschichte

Ludwig Geiger

Mittheilungen aus Handschriften
Beiträge zur Deutschen Literaturgeschichte

ISBN/EAN: 9783743664036

Hergestellt in Europa, USA, Kanada, Australien, Japan

Cover: Foto ©Thomas Meinert / pixelio.de

Weitere Bücher finden Sie auf **www.hansebooks.com**

MITTHEILUNGEN AUS HANDSCHRIFTEN.

BEITRÄGE ZUR DEUTSCHEN LITERATURGESCHICHTE,

HERAUSGEGEBEN VON

LUDWIG GEIGER.

ERSTES HEFT.

LEIPZIG,
VERLAG VON DUNCKER & HUMBLOT.
1876.

Herrn Dr. L. Sieber,

Oberbibliothekar in Basel.

Vorbemerkung.

In dem Unternehmen, das in dem vorliegenden Hefte beginnt und das, wenn es Anklang findet, fortgesetzt werden wird, soll der Versuch gemacht werden, handschriftliches Material, das bisher in verschiedenen Zeitschriften zerstreut veröffentlicht zu werden pflegte, systematisch geordnet herauszugeben. Der Inhalt dieser Sammlung würde zunächst von den wissenschaftlichen Neigungen des Herausgebers bestimmt sein. Danach würde ein zweites Heft Briefe und ungedruckte Stücke von Sebastian Brant und Rudolf Agrikola enthalten, denen sich Briefe anderer Humanisten anschliessen sollten. Doch liegt es nicht in meinem Plane, die Sammlung allein auf deutsche Literaturgeschichte zu beschränken; vielmehr sollte auch die italienische Literatur, besonders insofern sie auf die deutsche eingewirkt hat, Stoff zu Veröffentlichungen darbieten; demgemäss würde ein drittes Heft sich mit Petrarka beschäftigen. Die einzelnen Stücke sollen von kritischen und erklärenden Anmerkungen begleitet und durch wissenschaftliche Einleitungen eingeführt werden.

Indem ich dieses Heft dem Wohlwollen der Fachgenossen empfehle, bin ich gern bereit, in den ferneren Heften dieser „Mittheilungen" auch anderen Mitarbeitern Raum zu gewähren.

Berlin, 26. September 1875.

Ludwig Geiger.

Als vor nun zwanzig Jahren F. W. Ebeling sechs ungedruckte Briefe von Martin Opitz im anhaltinischen Archiv gefunden hatte, gab er sie, übrigens fast gleichzeitig mit G. Krause, dem fleissigen Erforscher anhaltischer Geschichte [1]), heraus [2]) und schickte ihnen die Bemerkung voran: „Dieselben sind zweifelsohne schon ihres Verfassers wegen jedem Freunde deutscher Literatur kostbare Reliquien und sie der Oeffentlichkeit länger vorzuenthalten, darf sicher einem Raube gleichen, begangen an dem, was der deutschen Nation zur Stunde höchsten und alleinigen Stolz ausmacht."

Mit noch grösserem Rechte dürfte ich, wenn nicht der Finder besser daran thäte, sein Urtheil, welches ja immer von der durch das Finden erregten Freude beeinflusst sein wird, dem competenter Leser unterzuordnen, die beifolgenden Gaben preisen. Auf einer im vorigen Jahre unternommenen Studienreise fand ich in den Katalogen der an Handschriften reichen öffentlichen Bibliothek in Basel eine grosse Anzahl Briefe von Martin Opitz verzeichnet, die sich denn auch, mit Ausnahme von 40 laut dem Verzeichniss in einen Band zusammengestellter Briefe, in der Bibliothek vorfanden. Die damals nicht auffindbaren sind später von Hn. Dr. L. Sieber entdeckt und mir zur Benutzung zugeschickt worden, konnten aber für die vorliegende Veröffentlichung nicht mehr ver-

---

[1]) Der Fruchtbringenden Gesellschaft ältester Erzschrein. Leipzig 1855. S. 123 ff. Krause hat seine Mittheilung noch nutzbarer durch den Abdruck der Antworten des Fürsten Ludwig von Anhalt gemacht.

[2]) Weimarer Jahrbuch, herausgegeben von Hoffmann v. Fallersleben und Oskar Schade II. (1855), S. 193—206.

werthet werden. Die hier folgenden sind nicht Autographen, sondern saubere Abschriften von einer Hand und zwar der eines Sammlers, Werner Huber, aus dem 18. Jahrhundert. Die Briefe sind bisher, soweit ich weiss, nicht gedruckt. Aus diesem Grunde und besonders auch, weil sie manches enthalten, was bisher gar nicht, oder nur wenig bekannt war, halte ich sie der Veröffentlichung für werth, bei der ich dem Texte erläuternde Anmerkungen beigebe und den Briefen zwei einleitende Abschnitte voranschicke, deren ersterer Beiträge zur Biographie des Opitz gibt, welche aus den unten folgenden Briefen gewonnen werden, deren letzterer sich mit den Freunden beschäftigt, an welche diese Briefe gerichtet sind oder über welche in denselben gehandelt wird. Im ersteren will ich aber nicht alle einzelnen Nachrichten herausheben, welche sich in den Briefen zerstreut finden und so etwa schon vorher in kurzen Worten Alles andeuten, was in den Briefen ausführlicher berichtet wird, sondern nur drei Dinge berühren, welche eine Besprechung verdienen: Opitz' Lob des Kriegsgottes, seine religiöse Gesinnung und seine beabsichtigte Heirath.

I.

Unter Opitz' grösseren Gedichten in deutscher Sprache ist das auch in unseren Briefen behandelte „Lob des Krieges Gottes Martis" 1628[1]) eines der merkwürdigsten. Es ist ein Gedicht in 848 Alexandrinern, dem Grafen Karl Hannibal von Dohna mit einer ziemlich langen lateinischen Widmung zugeeignet und mit gelehrten Anmerkungen begleitet. Als Opitz das Werk seinem Freunde Buchner zuschickte, fällte er über dasselbe folgendes Urtheil[2]): „Du erhältst von mir das Lob des Kriegsgottes oder vielmehr eine Satire gegen die Nichtigkeit unseres Krieges. Ueber dieses Werk erbitte ich mir dringend Dein Urtheil, das ich ja auch sonst immer sehr hoch geschätzt habe und hoffe, dass Du die Freimüthigkeit billigen wirst, mit der ich bei unserer unterdrückten Lage offen meine Gedanken auszusprechen gewagt habe". Eine solche Selbstkritik macht uns auf das Werk gespannt und würde, wenn sie berechtigt wäre, dasselbe zu einem hochbedeutenden Beitrag zur Zeitgeschichte erheben. Daher müssen wir kurz Grund oder Ungrund der Opitz'schen Behauptung erweisen[3]).

Bei dem ersten Anblick sehen wir nun, dass das Gedicht nicht etwa in hervorragendem Sinne ein Zeitgedicht ist. Denn das Gedicht ist kein Preis des Krieges, wozu der dreissig-

---

[1]) 1638 bei Strehlke S. 97 ist wol nur Druckfehler. Die Separatausgabe hat folgenden Titel: Laudes Martis. Martini Opitii poema Germanicum. Ad illustriss. Dn. Dn. Carolum Annibalem Burggravium Dohnensem. Gedruckt zum Brieg. In Verlegung D. Müllers in Bresslaw. 1628. 48 SS. in 4°.

[2]) s. unten Nr. V.

[3]) Zu dem Folgenden vgl. die vortreffliche Charakteristik bei Strehlke S. 93—97.

jährige Krieg den blutigen Hintergrund abgeben könnte, sondern eine Betrachtung der Thaten und Schicksale des Mars, bei welcher des Dichters gelehrte Sucht und mythologische Liebhaberei ihr volles Genügen findet. Aus diesem Grunde nimmt der mythologische Theil die grössere Hälfte des Gedichtes ein. Erst in der zweiten Hälfte wendet der Dichter sich von dem gelehrten, den Zeitgenossen unentbehrlich scheinenden, Bestandtheile zur allgemeineren Betrachtung. In ihr rühmt er vor allem Deutschlands Kriegsthaten und seine Erfindung und Benutzung des Pulvers (V. 432 ff.), versäumt merkwürdigerweise die bequeme Gelegenheit, seinem Patron Weihrauch zu streuen, spricht auch von seiner eignen Stellung zum Kriege und stellt dann die Vortheile des Krieges zusammen. Als solche hebt er namentlich ökonomische und moralische hervor: dass der Krieg das Geld unter die Leute bringe, dass er den Handwerkern Beschäftigung gewähre, dass er die Standesunterschiede verwische (V. 680), dass er das Glück der Armuth kennen lehre und den Menschen ihre wahren Feinde und Freunde zeige. Von dieser Betrachtung der Folgen des Krieges wendet sich der Dichter wieder zur Geschichte des Mars, schreibt ihm die Erbauung des Schiffes zu und knüpft an diese seine Entdeckung eine Geschichte der Länderentdeckungen überhaupt, zählt viele Beinamen des Kriegsgottes auf, welche erwünschte Gelegenheit zu erklärenden Anmerkungen geben, und schliesst mit einer weder durch die Zeitlage noch durch den bisherigen Gang des Gedichtes irgendwie begründeten Aufruf zum Türkenkriege.

Noch solcher Kenntniss des Inhalts sind wir genöthigt, Opitz' Selbstkritik als falsch zu verwerfen: er hat weder eine Satire geschrieben, noch mit Freimuth Gedanken geäussert, die auf irgend welchen Widerstand bei seinen Zeitgenossen hätten stossen können [1]). Seine Selbstkritik ist eine Selbst-

---

[1]) Daher lautet auch das Urtheil der Zeitgenossen ganz anders; Christoph Coler nennt das Gedicht (Jaski'sche Briefs. S. 26): doctum, grave, severum atque prudens carmen. Strassb. non. sept. 1628. Buchner's Urtheil (B. epist. vol. I., 129, vgl. auch Wilhelm Buchner S. 25) ist voll überschwänglichen Lobs, ohne der angeblich satirischen Richtung des Werkes zu gedenken; vgl. auch Venator bei Jaski p. 82.

täuschung, die unerklärlich wäre, wenn wir nicht bedächten, dass wir es mit einem Manne zu thun haben, der sich nach Ruhe sehnt und Fürstenhöfe aufsucht, der in Briefen über das Elend des Krieges klagt und in einem Gedichte sein Lob verkündet. Nur gegen einen ist Opitz freimüthig, nämlich gegen sich selbst[1]). Er beschäftiget sich mit sich in etwa vierzig Versen[2]), welche hier abzudrucken gestattet sei, theils wegen der Seltenheit der Schrift, theils wegen des speciellen Interesses, das sich für uns an diese Worte knüpft:

Das aber etwan ich den sichern Weg genommen
Und aus dem letzten Mars der erste worden bin,
Mein ross darzu gezehl: so wisse, dass mein sinn
Gar nie gewesen sey, dem feinde standt zue halten.
Wer jung erschossen wird, der pfleget nicht zue alten,
Und stirbt zue tode hin. Es wird mir auch gesagt,
Der fürwitz sey ein Ding, das einem, der sich wagt,
Nicht allzeit wol bekömpt, und wird jhm gar zu thewer;
Poeten volck ist heiss, ist leichte wie sein fewer,
Geht durch, reisst auss jhm selbst, ist wie ein edles pferdt
Das nie kan stille stehn und allzeit fort begehrt.
Solt ich, o Marspiter, in grass gebissen haben,
Wer würde doch ein Liedt von dir und deinen Gaben
Erdencken als wie ich? Es ist ja recht und war,
Dass ohne Diss sich jetzt der Deutschen tichter schar
Sehr starck zue felde schreibt: Doch reime von der erden
Die taugen nicht für Dich. Du wilt gepriesen werden
Von geistern, derer krafft sich in die wolcken schwingt,
Wie manche nachtigall am elbestrome singt;
Dringt thal und werder durch, ernehrt gelehrte hertzen
Mit jhrer stimme frucht und nutzt der sorgen schmertzen,
Durch einen süssen Thon, wie du auch, Vater Rhein,
Gemüter umb dich hast, die liedern ihren schein,
Der einen kopff erheischt unnd glantz zue geben wissen.

---

[1]) Das deutet er schon in der Vorrede an: qui, ut domestica quoque vineta caderentur, ne nobis quidem ipsis pepercimus (l. c. p. 241).
[2]) V. 486—524.

So lange zeit die Elb' in Sachsen durch wirdt fliessen,
Der Rein auff Hollandt zue, wirst du, o kluge schar,
Der Musen trost und ziehr, entgehen der gefahr
Dess grabes, das dich fleucht, wirst nicht auss Lethe trinken,
So für den pöfel ist. Wir können nie versincken,
Und werden durch den todt viel minder weggerafft,
Als der, so mit der faust ihm steten namen schafft.
  Dem einen ist zue thun, zu schreiben mir gegeben,
Und möcht' ich, wie geschieht, nicht in den büchern leben,
Ich lebte gar nicht mehr. Was soll dann kriegesfall
Mein sterbekittel seyn? Kein mensch der stirbt zwey mal.
Ein fechter bin ich nicht: ich kan wol wettclaufen
Wann feindt fürhanden ist. Mit balgen und mit rauffen
Wirdt keinem was gedient; der ist gar wol daran,
So andre ruhen lesst, und selber ruhen kan.

  Man hat aus diesen Versen allgemein schliessen wollen, dass Opitz wirklich an dem Kriegszuge seines Herrn theilgenommen, aber sich sehr unrühmlich dabei bewiesen und sich daher beeilt habe, sein wenig kriegerisches Benehmen, gleich seinem Vorbilde Horaz, zu entschuldigen. Doch scheint es mir nicht, ohne dass ich mich gezwungenen Deutungsversuchen hingebe, als wenn die Stelle dies besagen müsste. Vielmehr glaube ich, auf Grund unserer Briefe, die Worte Opitzens als eine Entschuldigung für seinen veränderten Entschluss auffassen zu dürfen, da er zuerst in übertriebenem Diensteifer meinte, er müsse seinen Herrn selbst in den Krieg begleiten[1]), nachher aber, in der Erwägung, seine Zeit anderen Aufgaben nutzbringender widmen zu können, den Grafen bat, ihn seiner zuvor eingegangenen Verpflichtung zu entheben und diese Bitte gewährt erhielt[2]).

  Wofür hätte auch Opitz fechten sollen? Er war auf einen Schauplatz gestellt, auf welchem die grossen politischen Gegensätze, die, seit langer Zeit in Deutschland herrschend, während des dreissigjährigen Krieges zur letzten blutigen

---

[1]) Vgl. seine Worte unten Nr. III.
[2]) Vgl. unten Brief Nr. V und VI.

Entscheidung kamen, gar nicht berührt wurden, auf welchem vielmehr nur Machtfragen zwischen Protestantismus und Katholicismus ausgefochten wurden. Nun befand sich der protestantische Dichter bei einem katholischen Gebieter. Wol hat er in dessen Auftrage die zur Bekämpfung des neuen Glaubens verfasste Schrift eines Jesuiten übersetzt, auch, wiederum im Namen seines Herrn, ein Drohschreiben an den evangelischen Rath in Bunzlau gerichtet, aber beide Verrichtungen, so wenig sie auch von religiöser Tiefe zeigen und so wenig sie auch unserem Dichter von protestantischen Eiferern verziehen werden können, mögen begreiflich erscheinen bei einem Dichter, der ohne Fürstenhuld nicht leben zu können meinte und um diese zu verdienen, die übernommenen Pflichten, mit Hintansetzung seiner eignen Persönlichkeit, zu erfüllen sich bemühte. Aber er wäre über alle Verpflichtungen hinausgegangen, wenn er, nicht zufrieden damit, die Aufträge seines Herrn auszuführen, sich auch wider seine Glaubensgenossen zu Kriegsdiensten angeboten hätte, die, für einen handwerksmässigen Soldaten unrühmlich, für einen friedlichen Dichter erniedrigend und entwürdigend sein mussten.

Denn dass Opitz lutherisch war und blieb, was man früher schon aus einzelnen Umständen erkannt hatte, dass nämlich sein Vater Mitglied eines evangelischen Rathes war und dass er selbst vom Grafen Dohna Religionsfreiheit zugesprochen erhielt, wird auch durch eine Stelle unserer Briefe bestätigt, in welcher er sagt, dass er durch den Frieden von Prag, welcher die Protestanten in Oesterreich der Willkür des Kaisers preisgab, vaterlandslos geworden sei und seiner Religion wegen flüchten müsse [1]).

Trotz dieser Zugehörigkeit zur protestantischen Religionsgemeinschaft besitzt Opitz nicht die in jener Zeit fast zum guten Ton gehörende Leidenschaftlichkeit und Schärfe. So oft er auch in seinen Briefen auf die Zeitereignisse eingeht und die traurige religiöse Lage zum Gegenstande seiner Be-

---

[1]) Vgl. unten Br. XVII.

trachtung wählt, so hat er doch niemals einen energischen Ausdruck für die begangenen Greuel, für die offen ausgeübte Gewalt, während seine Freunde auch diesen nicht scheuen[1]. Nur einmal, als er noch sehr jung war, hat er auch diesen gebraucht.

Als er nämlich in Heidelberg studirte, schrieb er eine merkwürdige an den zum König von Böhmen gewählten und auf der Reise nach seinem Königreiche begriffenen Kurfürsten Friedrich von der Pfalz gerichtete Rede, die, da sie von den Neueren wenig betrachtet worden ist, hier etwas eingehender werden soll[2]. Nachdem Opitz in dieser Rede dem Fürsten behandelt den Dank dafür ausgesprochen, dass er ohne Furcht vor denihm drohenden Widerwärtigkeiten das schwierige Amt doch angenommen habe, seine Eigenschaften, nämlich seine pietas, religio, prudentia, seine Jugend, seine Hoheit, Milde und Mässigung, seine Begünstigung der Wissenschaften gelobt — wobei natürlich ein Rühmen der damals noch ungeplünderten Heidelberger Bibliothek nicht fehlt[3]) — den Auszug des Fürsten aus Heidelberg erzählt[4]), die Schönheit der Fürstin und die Trauer der verlassenen Residenz geschildert hat, kommt er, nach nochmaligem langem überschwänglichem Lobe des jungen Fürsten, endlich auf die religiöse Frage.

Wir waren gezwungen, so ist sein Gedankengang, trotz unserer Verehrung für den Kaiser, von dem wir überzeugt waren, dass er gegen uns gesetzmässig verfahren würde, wie seine Vorgänger gegen Huss und Luther, gegen ihn die Waffen zu ergreifen, um unsere Freiheit zu wahren und unsere Religion zu beschirmen. Denn sie, die schon den Heiden ehr-

---

[1]) Z. B. Coler an O. bei Jaski 8 id. Mart. 1627, S. 15: quod religio animis aversissimis imperatur.

[2]) Oratio ad serenissimum ac potentissimum principem Fridericum regem Bohemiae. Auctore Martino Opitio Silesio. Typis Gotthardi Voegelin. o. O. u. J. 10 Bll. in 4°. — Tittmann erwähnt sie S. XXI, doch sind seine Angaben nach dem von mir Beigebrachten zu berichtigen.

[3]) Ut praeteream illud sanctuarium eruditionis, bibliothecam stupendae magnitudinis quam sustentasse non contentus auges insuper novus Philadelphus et exornas.

[4]) Er beginnt mit den Worten: His oculis vidimus.

würdig schien, ist unser Heiligstes geworden¹), sie wird aber von den Feinden jeder freien Entwickelung, von den versteckt und offen wirkenden Uebelthätern, die vor keinem Verbrechen zurückscheuen, jeden Weg, der sie zu ihrem Ziele führt, wählen, geschändet und mit Füssen getreten. Dieser heftigen Apostrophe gegen die Jesuiten²), die zwar nicht ausdrücklich genannt, aber sehr deutlich bezeichnet werden, schliesst sich ein Ausdruck fröhlicher Siegesgewissheit an³); dann folgen einzelne Bemerkungen, die nicht in unsern Zusammenhang gehören und daher besser in den Anmerkungen einen Platz finden⁴).

Eine solche scharfe Sprache gegen die Jesuiten verträgt sich allerdings ebensowenig mit der Uebersetzung einer jesuitischen Schrift, wie diese mit den Gesandtschaftsreisen

---

¹) Religionem denique cui omnes aliae causae merito postponuntur, cujusque apud ipsos olim .. gentiles .. sacrum nomen erat.

²) Ii qui per sanguinem regum et parricidia inclarescunt qui scelere super omnia facinora horribili fulmen illud belli Henricum Magnum quem totius patriae moles incumbens non moverat, lanienae temerarii nebulonis subjecerunt, qui socerum tuum, incomparabilem Britanniae Monarcham flammis et sulfure parietibus regni illidere conati sunt; qui in caedibus ac latrociniis animae salutem verti sibi et aliis persuaserunt, qui trucidare inopes, insontes damnare, equuleo, igne, gladio tollere, vivos (parsimonia scilicet humani sanguinis) sepelire, qui divina et humana confundere per lusum et jocum solent. Hi in aulas magistratus nostri penetraverant primo, deinde in animum. Hi in omnibus consiliis sententias dirigebant, hi fraudes, dissimulationes, perfidiam, sine quibus recte neminem imperare docent, miscebant. Unter Henricus magnus ist natürlich Heinrich IV. von Frankreich und unter socer tuus: Jakob I. von England zu verstehen.

³) Vgl. den schönen Ausdruck: Vincemus armis qui causa vincimus.

⁴) Wir bitten Dich, Prag, fährt der Redner fort, dass Du Deinen Fürsten uns, dem Lande Schlesien, nicht beneidest. Dann sieht er in die Zukunft: Videor mihi videre totam regionem amoenissimam commoventem se funditus atque tibi occurrentem, will aber das Glück, das seinem Lande Schlesien und seiner Stadt Breslau widerfahren soll, nicht schildern, sed haec omnia literatis, quorum ingens apud nos proventus, relinquo. Dann fleht er für die Seinigen um Sieg und wenn dieser nicht gewährt werden sollte, um einen seligen Tod. Am Schluss steht ein Gedicht (sieben lateinische Distichen) von Opitz in eundem Vratislaviam ingredientem.

und Berichten, welche Opitz nach Dohna's Tode im Dienste der Schweden ausführte. Sie alle zeigen die merkwürdige Gewandtheit des Dichters, sich in den verschiedensten Lebenslagen zurechtzufinden, aber beweisen nicht tiefe religiöse Begeisterung oder unerschütterliche Charakterfestigkeit.

Die eben besprochene Rede schrieb Opitz jedenfalls 1619 zu Heidelberg, wo er ein etwas lockeres Leben führte, das später heftige Anklagen gegen ihn veranlasst hat. Seit jener Zeit, in welcher er in zärtlichen Verhältnissen zu manchen weiblichen Personen stand, die er später als fingirte aufgefasst wissen wollte, hielt er sich, soweit bekannt ist, von Frauen zurück und gab den Gedanken an eine Heirath auf, theils aus Unlust, theils wegen seiner unsteten Lebensweise, die ihn verhinderte, feste Lebensbande zu knüpfen. Doch scheint er einmal, 1628, den Freunden Andeutungen über ernstere Absichten gegeben zu haben, — wenigstens wird er mehrfach nach dem Gegenstand seiner Neigung gefragt — antwortete aber auf eine dieser Anfragen und Aufforderungen ablehnend[1]): „So wie Du meine Liebe anzufeuern suchst, thun es auch mein Herr, meine Verwandten und Freunde, aber ich erscheine mir wie ein ausgebrannter Vulcan, der keine Flamme mehr zu erzeugen vermag. Und obwohl die Zuneigung eines lieblichen Mädchens mir nicht wenig schmeichelt, so schreckt mich jede Anstrengung zurück. Ferner fürchte ich die rasche Veränderlichkeit der Zeitverhältnisse und die mir meiner Religion wegen drohende Verbannung, wie ich aus den Dingen vermuthen kann, die ich nebst Wenigen weiss. Der Besitz einer Frau ist aber nicht soviel werth, dass man darum die Freiheit des Denkens verliere. Ich übergebe Alles dem gütigen Schöpfer; möge er sehn, was er mit mir thun will."

Neun Jahre später, nachdem er sein unruhiges Leben aufgegeben hatte und zu fester Stellung und dauerndem Wohnsitze gelangt war, sehnte er sich nach einem ruhigen Heim und verlobte sich mit einem jungen Mädchen. Auch davon

---

[1]) An Buchner unten Nr. X. und Anm.

gibt er seinem Buchner Kunde[1]): „Ich alter Junggeselle, der ich glaubte, mich niemals in die Bande einer Frau zu begeben, habe nun doch ein schlaues, schwarzes, geschwätziges, gar angenehmes Lockvögelchen gefunden, das mich eingefangen und meine sonst starren Augen durch seinen Glanz fast geblendet hat. Dass mein Mädchen rechtschaffen ist, darf ich wol aus ihrem Aussehn und ihrem Alter schliessen, denn sie ist erst 13$^{1}/_{2}$ Jahr alt, so dass ich ihr Vater sein könnte. Sobald diese keusche Cynthia die Gaben der Musen wird schätzen können, werde ich den Dichternamen gegen die Thorheiten einiger Grammatiker vertheidigen, welche glauben, dass dieser uns wegen des Erdichtens, d. h. Lügens beigelegt ist."

Doch aus der Ehe und den Plänen, welche Opitz von derselben gehegt hatte, wurde nichts; das frühreife Mädchen hatte bereits ihre Hand versagt und Opitz musste sich zurückziehen[2]).

So ist Opitz ohne Nachkommen gestorben, aber nicht ohne bleibende Nachwirkungen in der Literatur. Von seiner Bedeutung und Wirksamkeit hier zu reden, wäre schwerlich angebracht, nur an zwei Thatsachen soll erinnert werden, welche den zwar von Manchen nur widerwillig anerkannten, aber innerhalb eines Lustrums allgemein erfochtenen Sieg der Opitz'schen Lehren zeigen. Noch 1619 hatte Joh. Val.

---

[1]) s. unten Nr. XVIII.
[2]) Er theilt dies dem Herrn von Schilling in einem von Ebeling a. a. O., dann auch von Krause a. a. O. abgedruckten Briefe mit: „Ich schrieb vor 8 tagen von meyner heyrath; sehe, aber dass es Gott nicht also schicken wil, angesehen ein Bürgerssohn alhier vermeinet einspruch zue thun, weil er, seinem vorgeben undt ihrer nicht grossen verleugnung nach, Zuesage undt ring vorhin ehe ich erlanget. Ohngeachtet ich nun die sache wol zue erhalten verhoffte, bedencke ich doch, dass bei solcher ehe Gottes segen undt gueter ausgang nicht alzeit zue seyn pflegt". Der Brief ist vom 18. Oct. 1637. Das Verhältniss hatte also doch über drei Monate gedauert. Auch dies scheint übrigens nicht der letzte Versuch O.'s gewesen zu sein. Wenigstens schreibt Tscherning am 16. Juni 1639 an O.: De conjugio tuo iterum multum est rumor; an tale quid cogites fac quaeso sciamus (Jaski'sche Sammlung p. 76).

Andreae, vielleicht direct gegen Opitzens Aristarchus, geschrieben:

> Ohn Kunst, ohn Müh, ohn Fleiss ich dicht,
> Drumb nit nach deinem Kopf mich richt;
> Bist (!) du witzst, schwitzst, spitzst, schnitzst im Sinn,
> Hab ich angesetzt und fahr dahin [1]);

acht Jahre später meldete Colerus seinem Meister Opitz, dass auch Andreae seine Grundsätze angenommen habe [2]). Lange mussten Buchner und Werder kämpfen, bis sie O.'s Aufnahme in die fruchtbringende Gesellschaft durchsetzten [3]); als es ihnen gelungen war, beeiferten sich die Mitglieder, das dem Meister zugefügte Unrecht gutzumachen; Fürst Ludwig feierte den „Gekrönten" mit einem lobhudelnden, aber gar erschrecklichen Reimspruch [4]); die Bessergesinnten aber stimmten gewiss alle in Buchners Worte ein: „Durch Deine Aufnahme haben sie mehr ihre als Deine Ehre bedacht. Denn durch Deinen Namen allein haben sie sich mehr Glanz erborgt, als wenn alle jene hohen und beneideten Titel in ihr Stammbuch eingezogen wären [5])."

Denn wir dürfen sagen: wenige Sterbliche haben zu ihrer Zeit so viel Ruhm genossen, wie Martin Opitz. Es klingt der Wiederhall der allgemeinen Begeisterung aus den Worten des Hugo Grotius: Non periit Germania, quae te habet locupletissimum testem, quid lingua germanica quid ingenia germanica valeant [6]); und nach dem Tode des Gefeierten schlossen

---

[1]) So nach Barthold: Geschichte der fruchtbringenden Gesellschaft S. 162.
[2]) Uterque (Remchingen und Andreae) principia sua ex tuis hausit. Maj. 1627 (Jaski'sche Sammlung p. 20).
[3]) Die Aufnahme geschah erst im September 1629. Worauf die von Barthold S. 194 A.** angeführten Worte gehen, wird auch aus unsern Briefen nicht klar. In diesen spricht Op. nur einmal von den Anhaltinern vgl. unten 1. Oct. 1627.
[4]) Abgedruckt z. B. bei Barthold S. 195.
[5]) Vgl. Wilh. Buchner a. a. O. S. 26.
[6]) An Opitz 1. März 1631. (Jaski'sche Sammlung p. 76.)

sich die Meisten dem Rufe an, den Wenr. Scherffer von
Scherffenstein¹) ertönen liess:
> Und wollen unterdessen als Schüler uns bemühn,
> Die Leier uff den Thon, den Du gewiesen, ziehn,
> Nicht dass wir wollten höher gehn,
> Und neben Dir beim Phöbus stehn, —
> Nein, wenn wir alle Kunst schon wenden an im Schreiben,
> So wirst Du dennoch Prinz der deutschen Sprache bleiben.

Es sei gestattet, vorstehenden Worten, die zur Einführung der unten folgenden Briefe nothwendig schienen, Bemerkungen über zwei sehr wenig bekannte Opitz'sche Schriften anzufügen. Sie finden sich in einem Sammelbande der Berliner Königlichen Bibliothek (Opitz, Allerlei. II. Theil, 9002).

Die eine finde ich nur selten angeführt. Sie ist eine Uebersetzung des 104. Psalms in vierzeiligen Strophen und ist Georg Rudolf, dem Herzoge von Liegnitz und Brieg, gewidmet²). Es ist ein Werkchen, das, ganz in Opitz' Manier, viel Gekünsteltes neben manchem poetisch Schönen zeigt. So heisst der Mensch z. B. einmal „der Erde Arzt" und die Sonne „der Erde Kerze, die weiss, welche Zeit sie soll zu Bette gehn", und nachdem der Dichter die Schilderung der Erde beendet hat, fährt er fort: „Was dann die See betrifft, wer will ergründen können, das Vieh der reichen Fluth?" Dagegen halte ich folgende zwei Strophen mit für das Beste, das Opitz geschrieben hat:

> Die Winde flügelst Du und schickst sie allzusammen
>   Wie treue Boten aus; dein Heroldt ist die Lufft,
> Der Donner höret dich; der Sturm und schnelle Flammen
>   Erzeigen jhren Dienst, wann Deine Stimme rufft.

---

¹) Poetische Thränen über dem frühzeitigen und vhrplötzlichen Absterben H. Martin Opitzen von Boberfeld vergossen von W. Sch. v. Sch. Briegk 1640.

²) Martin Opitz Vber den CIII. Psalm. Gedruckt zu Leipzig 1630. 4 Bll. in 4°.

Der Sünder böse Schaar mus aussgerottet werden,
Mus sehn, nach dem sie ringt, den wolverdienten Todt;
Das Gott verhaste Volk mus nicht mehr sein auff Erden:
Du wache, meine Seel', und lobe deinen Gott.

Das zweite Schriftchen, gleichfalls eine Uebersetzung, und zwar des Grotius'schen Gedichtes über die Eroberung von La Rochelle, ist bei Goedeke[1]) angeführt, aber so weit ich sehe, nirgends besprochen. Es ist merkwürdig durch seine Theilnahmlosigkeit, die freilich mehr dem Dichter, als dem Uebersetzer zur Last fällt. In dem Gedichte ist keine Spur von heftiger, schmerzlicher Erregung, sondern der einfach referirende Ton herrscht durchaus: Gott habe, so reflectirt die Stadt, gewollt, dass, nachdem sie allen Feinden Widerstand geleistet habe, dem König Ludwig zufallen solle. Und darüber ganz getröstet, endet sie:

Was ists, dass ihr euch schämet,
Ihr Bürger, weil euch ja ein solcher König zähmet?
Diss bitt ich, wann die Welt mich für bezwungen spricht,
So schweige nur die Welt auch meine Feinde nicht.

---

[1]) Grundr. S. 445, Nr. 26, vgl. unten Nr. XIV.

II.

Unter den Freunden des M. Opitz, von welchen in unseren Briefen gesprochen wird, sind die am meisten genannten: August Buchner und Dietrich v. d. Werder, zwei Männer, welche in der Fluth der Literatoren des 17. Jahrhunderts nicht untergegangen sind und die eine kurze Besprechung an dieser Stelle wohl verdienen. Neben diese stelle ich dann zwei andere, in unseren Briefen genannte, Männer, die mir auch einiger Bemerkungen würdig schienen.

August Buchner ist ein vielgerühmter Mann. Seit den Lobpreisungen seiner versemachenden Zeitgenossen, Freunde und Schüler, seit den schönen Worten, welche Paul Fleming ausrief, als er den Tod seines grossen Landsmannes, Opitz, vernahm: „Ist Buchner nur nicht todt, so lebet Opitz noch", bis herab zu der schönen, aber auf Kosten Anderer die thatsächlichen Verhältnisse einigermassen entstellenden, Würdigung, welche Gervinus gegeben hat, ist sein Lob nicht verstummt. Neuere Schriften[1]) haben dies Lob auf das gebührende Mass zurückzuführen versucht und nach diesen Untersuchungen und Urtheilen gestaltet sich unsere Auffassung von Buchners Leben und Wirken kurz etwa folgendermassen:

August Buchner, geboren 2. Nov. 1591 in Dresden, erzogen in Schulpforta, studirte in Wittenberg und starb da-

---

[1]) Vgl. besonders Hoffmann von Fallersleben im Weimarischen Jahrbuch Bd. II. (1855) S. 1—40 und Wilh. Buchner: August Buchner, Professor der Poesie und Beredsamkeit zu Wittenberg, sein Leben und Wirken. Ein Beitrag zur Geschichte des deutschen Schriftlebens im 17. Jahrhundert. Hannover 1863.

selbst, nachdem er 1616 Professor der Poesie und 1631 daneben Professor der Beredsamkeit geworden war, am 12. Febr. 1661. Dieses ruhige Verweilen an demselben Orte, an welchem durch die Unruhen des dreissigjährigen Krieges und durch die sehr geringe Besoldung die Stellung eine weit weniger zufriedenstellende war, als andere unter glänzenden Bedingungen ihm angebotene, charakterisirt den ganzen Mann. Einfach und bescheiden in seinen Ansprüchen, getreu seinem Wahlspruche: Unum est necessarium, begnügte er sich gern mit dem leicht und sicher Erreichbaren und trotz der ungemessenen Bewunderung, die ihm gezollt wurde, trotz der jubelnden Ruhmeshymnen, die, überhaupt eine charakteristische Eigenthümlichkeit jener Zeit, für ihn noch lauter erschallten, als für Andere, wahrte er sich die hehre Auffassung von seinem Berufe, die er mit edlem Selbstbewusstsein zu paaren verstand. Diese Empfindung drückte er in einem lateinischen Albumspruch aus, dessen Uebersetzung [1]) so lautet:

Was nenn' ich Ruhm? Ein Zeugniss, das die Tüchtigkeit
Allein gewährt, und aus des Volkes Stimme spricht.
Ruhm zu gewinnen, wess bedarfst Du, junger Freund?
Nicht brüste dich! Doch wenn du Kraft zum Guten fühlst,
So zeig's durch Thaten; Andre rühmen dann Dein Werk
Um so getroster, weil du selbst bescheiden schweigst.
Sich selber loben zeigt nur leere Eitelkeit,
Und andre rauben Dir den Ruhm, den Du Dir gabst [2]).

Dieses bescheidene, ruhige, jeder Ausschreitung fremde Wesen zeigte sich bei Buchner ebensowohl in Leben und Gesinnung, so z. B. in seinem unendlichen Wohlwollen gegen seine Schüler, in seiner milden Frömmigkeit, die wohlthuend gegen die religiöse Streitsucht jener Tage absticht, in seinem Widerwillen gegen die damals beliebte barbarische Erziehungsweise, gegen die damals üblichen pomphaften durch Unge-

---

[1]) Die Uebersetzung nach Wilhelm Buchner S. 37.
[2]) Als Gegensatz zu dieser bescheidenen Ausdrucksweise vergleiche man den Reimspruch, welchen Fürst Ludwig von Anhalt auf Buchner gemacht hat, zuletzt abgedruckt bei Wilhelm Buchner S. 36.

schmack und Unbescheidenheit gleich unangenehmen Büchertitel; als auch in seinem schriftstellerischen Wirken. In demselben war er kein Reformator, aber ein tüchtiger Arbeiter auf verschiedenen Gebieten.

Zuerst als **Lehrer der Dichtkunst**. Wenn er auch selbst nicht, wie man das hat behaupten wollen, Collegien über deutsche Dichtkunst gelesen hat, so hat er doch eine „Anleitung zur deutschen Poeterey" geschrieben, die, 1642 aufgesetzt, bei seinen Lebzeiten nur unter Freunden handschriftlich cursirte, häufig begehrt, selbst gefälscht herausgegeben, erst 1665 von seinen Erben durch den Druck veröffentlicht wurde. In diesem Werkchen hat er das Verdienst, zur Einführung der daktylischen und anapästischen Verse in die deutsche Dichtung angeregt zu haben, welche er auch, trotz Opitzens Ablehnung und dem heftigen, ja gehässigen, Widerspruch der Mitglieder der fruchtbringenden Gesellschaft, welche sich als die alleinigen Beherrscher der Sprache dünkten, dauernd einbürgerte. Ob freilich einer seiner Gründe, den er seinen Widersachern entgegenhielt, dass nämlich daktylische Verse sich ganz besonders zur musikalischen Composition eigneten, noch heute für stichhaltig erklärt werden kann, mag dahingestellt bleiben.

Dann als **deutscher Dichter**. Als solcher hat er freilich heute nur gar wenige Leser und unter denselben gewiss keinen Bewunderer. Er hat niemals seine Gedichte gesammelt, so dass einige nur handschriftlich erhalten, andere so selten sind, dass ihr durch Hoffmann von Fallersleben veranstalteter Abdruck einer Entdeckung gleichkam, bei der es freilich fraglich bleibt, ob der Entdecker goldenen Lohnes werth ist. Von diesen Gedichten sind die meisten Gelegenheitsgedichte: Tröstungen an Hinterbliebene bei Todesfällen[1], Beglückwünschungen bei Geburten und Hochzeiten, Gedichte, welche sich in den gewöhnlichen Redewendungen und Gedanken bewegen. Vier andere sind Poesien, die nicht grade bei einem bestimmten Anlass entstanden zu sein scheinen:

---

[1] Ueber eines auf den Tod seines Bruders vgl. unten Br. Nr. V.

„Nachtmahl des Herrn; der Christen Schifffahrt; das Mittel das Beste; Gemeiner Irrthum"; schlichte, einfache Dichtungen, welche wohlthuende Frömmigkeit, Zufriedenheit mit Wenigem, Verachtung der Aeusserlichkeit lehren, und, wenn sie auch kein aussergewöhnliches Talent zeigen, doch wegen ihres ungesuchten Tones und ihrer warmen Empfindung gefallen. Sein grösstes dichterisches Werk in deutscher Sprache ist aber seine Oper: Orpheus und Euridice[1]), die am 20. Nov. 1638 zum Beilager des Kurfürsten Joh. Georg II. aufgeführt wurde. Dieses Werk, das zuerst die für Musik angeblich so geeigneten Daktylen zur Anwendung brachte, und dem berühmten Musiker Heinrich Schütz Gelegenheit gab, seine gefeierte Kunst zu beweisen, verräth zwar fast in jedem Satze den der lateinischen Sprache gewohnten Gelehrten, verfährt aber mit einer bei dem Gelehrten ungewonten, nur dem Dichter gestatteten, Freiheit gegen die Sage. Statt nämlich, wie diese erzählt, den Orpheus, der durch die Macht seines Gesanges die Euridice aus der Unterwelt herausgeholt, mit seiner Gemahlin untergehn zu lassen, weil er sich nach derselben trotz des ausdrücklichen Verbotes umgedreht habe, lässt der Dichter, um diesen mehr zu einem Trauerspiel geeigneten Stoff hochzeitlicher zu gestalten, den Orpheus sammt seiner Gemahlin durch Merkur zu den Göttern emporgehoben werden. Um den anziehenden Stoff noch anziehender zu machen, waren in die Oper Ballete eingelegt z. B. eins der zu den Strafen der Unterwelt Verdammten und das Ballet der vier Bäume und zwei Felsen.

Endlich als Gelehrter. Die Sprache der Gelehrten war damals, so gut wie ein Jahrhundert früher, lateinisch und so ward dieselbe auch von Buchner weit lieber und weit häufiger angewendet als die deutsche. Seine Briefe sind alle lateinisch ausser denen, die an den Vorsteher oder die Mitglieder der fruchtbringenden Gesellschaft gerichtet waren, in welchen jeder nichtdeutsche Ausdruck verboten war, in derselben Sprache eine grosse Anzahl empfehlender Gedichte,

---

[1]) s. unten Brief Nr. XXIV. Anm.

welche er, nach der Sitte der Zeit, den Werken von Schülern oder Freunden beigeben musste; in derselben seine Anmerkungen und Erklärungen zu vielen lateinischen und griechischen Schriftstellern des classischen Alterthums, endlich auch seine Reden, die er als Professor der Eloquenz bei allen festlichen Gelegenheiten halten musste. Unter diesen sind viele, die durch Form und Inhalt sich über die massenhaften derartigen Productionen jener Zeit erheben, und wenige, die blosse rhetorische Versuchsstücke sind, wie die Vertheidigungsrede Karl I. von England, welche dieser vor seiner Verurtheilung hätte halten können.

In seiner Freundschaft für Opitz war Buchner verständig und treu, wenn auch theils die Sitte der Zeit, theils die Bewunderung für den Freund eine kritische Würdigung von dessen Leistungen unmöglich machten. Dafür zeigte denn auch Opitz dieselbe Ueberschwänglichkeit bei Betrachtung der Arbeiten Buchners und war bemüht, dem Freunde alle, selbst kleine Erlebnisse, mitzutheilen und ihm alsbald Kenntniss von seinen Arbeiten zu geben.

Dietrich v. d. Werder, „der Vielgekörnte", wie er als Mitglied der fruchtbringenden Gesellschaft genannt wurde, weil er die vielen Körner der deutschen Sprache aufgezeigt hat, „hat des Torquato Tasso Gottfried oder das erlöste Jerusalem ins teutsche gebracht. Item des Ludovico ariovisto (!) rasenden Roland. Vor sich hat Er gesetzet hundert Sonnetten oder Klinggedichte vom Krieg und Siege Christi, da in einer jeden Reimzeilen die Wörter Krieg und Sieg zum wenigsten einmal befindlich. Wie auch die sieben Busspsalmen. Item vier und zwanzig trostreiche Freudengesänge auf die Stunde des Todes. Und dann hat er geschrieben von dem Ursprung des Weyrauchbaums und der Sonnenblumen"[2]).

Die in dieser Mittheilung erwähnte spielende Manier der Dichtungsart Werder's, zugleich seine Freundschaft mit Opitz,

---

[1]) Krause, Erzschrein S. 141.
[2]) Georg Neumark, Der neu sprossende Palmenbaum. Nürnberg 1668, S. 452 fg.; die Quelle für alle späteren Berichte über Werder.

welche auch durch unsere Briefe neu bezeugt wird, haben ihren sehr bezeichnenden Ausdruck in den von Werder zur Einführung des Freundes in die fruchtbringende Gesellschaft gedichteten, wenig bekannten, Klingreimen gefunden, welche darum hier stehen mögen:

Dich hat mit einer Kron, Gekrönter, wol bekrönet
Der Fürsten werther Kron; dich hat der Künste Thron
Durch das Gerücht gekrönt mit einer Ehrenkron,
Die vieler Kronen werth. Gekrönt hastu gefrönet
Um solche Lorbeerkron. Nun Gott, der Kronen krönet
Gibt Dir der Kronen Kron, der Frommen höchsten Lohn,
Dass mit drey Kronen Du, wie ein gekrönter Sohn,
Dein schöngekröntes Haubt itz schön gekrönet, schönet.
Zwo Kronen krönen dich, zwo Kronen hast gekrönt
Dich krönt der Teutschen Ruhm, so deines Lieds gewöhnt.
Dich krönt der Fürsten Zunft, in dem Du Früchte bringest,
Du krönst das Teutsche Reich mit Kunstverbundner Schrift:
Du hast zur Gottesfurcht so manche Kron gestift:
Dich krönt der höchste Gott, vor dessen Thron Du singest[1].

Werder[2], geboren 1584, gestorben 1657, war während seines langen Lebens mit Kriegsthaten und Gesandtschaften vielfach beschäftigt, ward von bedeutenden und unbedeutenden Fürsten seiner Zeit, dem Fürsten von Anhalt so gut wie dem Könige Gustav Adolf, mit Ehren überhäuft, beschäftigte sich aber am liebsten in der Musse, die ihm von seinen Amtsgeschäften übrig blieb, mit literarischen Dingen. Als Mitglied der fruchtbringenden Gesellschaft wurde er von dem Präsidenten derselben und von seinen Genossen als Kritiker vielfach benutzt und wartete dieses Amtes mit Ernst und liebenswürdigem Humor. Als er eine etwas gross gerathene Manuscriptsendung erhalten hatte, schrieb er: „Die Beilagen

---

[1] J. G. Schottel, Ausführliche Arbeit von der Teutschen Hauptsprache. Braunschweig 1663, S. 1174 fg. Eine ähnliche Spielerei über „Gottlob" bei Krause, Erzschrein S. 150 fg.

[2] Vgl. über ihn Goedeke S. 447, Nr. 7, Hoffmann von Fallersleben im Weimarischen Jahrbuch II, S. 211 fg., Barthold, Geschichte der fruchtbringenden Gesellschaft S. 119, 158, 167 fg. Krause, Erzschrein S. 129 fg.

wiegen fast einen Centner"; als man ihn zur Erledigung derselben drängte: „man solle ihm Zeit lassen, dass er seiner faulen Schlingelei abwarten dürfe"; auf den Vorschlag, jeder der Gesellschafter solle zu einem Werke von 200 Sonetten etwas beitragen, erwiderte er: „Der redliche Mann, der ohne das bey seinen Predigten viel müssige Zeit haben wird, könnte die Mühewaltung, die 200 Sonette zu machen, wol über sich nehmen" und als ihm die Sache unerträglich wurde, schrieb er sehr ärgerlich: „Ich für meine Person sage mich künftig von allen solcher Gesellschafter und Poesie Sachen ganz los und will nichts mehr damit zu thun haben" [1]). So lange er aber thätig war, suchte er wirklich nutzbringend zu wirken [2]), namentlich auch Mitglieder in die Gesellschaft zu bringen, von denen man tüchtige Leistungen erwarten durfte, z. B. den später so berühmt gewordenen Moscherosch [3]).

Die Verehrung des literarischen Kreises für Werder zeigte sich besonders bei einem schweren Verlust, den dieser erlitt. Am 22. Febr. 1625 verlor er seine Frau und ein neugeborenes Kind. Schon an demselben Tage schickte Tobias Hübner zwei Grabschriften nach Wittenberg, sehr bald folgte A. Buchner mit seiner Todtenklage, dann Martin Opitz, endlich Werder selbst. Sein Gedicht ist warm empfunden und nicht ohne poetischen Schwung ausgedrückt. Er schildert innig, aber nicht überschwänglich, die Liebe, welche ihn mit seiner Frau verband:

Ihr nanntet mich Eur Herz, Eur Haupt und Eure Sonne
Eur Liebe, Euren Trost, Eur Freude, Kron' und Wonne.

Von den Mitgliedern dieses Kreises war Werder am meisten mit Opitz befreundet. Wie sehr Opitz ihn und seine Wirksamkeit schätzte, geht aus dem unten folgenden Briefe [4])

---

[1]) Krause, Erzschrein S. 143, 151, 164 u. a. m.
[2]) Vgl. seine gleichfalls von Krause mitgetheilte ausführliche Untersuchung über die Endung „ig" und die von Adjectiven mit dieser Endung abgeleiteten Substantiva.
[3]) Vgl. Krause S. 172, Nr. 50.
[4]) Nr. IV., vgl. auch einen andern Brief 27. Dec. 1637 bei Krause, S. 125.

hervor, der uns auch über ein anderes leider verloren gegangenes Schreiben unterrichtet. Zahlreicher sind die Proben, welche Werder von seiner Anhänglichkeit für Opitz gegeben hat. Er hat ganz besonders dazu beigetragen, dass Opitz in die fruchtbringende Gesellschaft aufgenommen wurde; er hat, als er seine berühmt gewordene Uebersetzung herausgab, zur Vertheidigung einiger sprachlicher Freiheiten, die er sich genommen hatte, angeführt: dass auch Martin Opitz sich solche erlaubt habe, „er, der Fürst aller deutschen Poeten, der auch für allen denen, so sich jemals in hochdeutscher Poesie etwas aufzusetzen bemüht haben, den Lorbeerkranz mit seinem unsterblichen Ruhm billig verdienet hat" [1]; er hat endlich, trotzdem zuletzt die Freundschaft etwas getrübt wurde [2], ein gar schönes Wort über Opitz nach dessen Tode gesprochen: „Der selige Gekrönte ist zwar eines Lobes wehrt, aber ich achte mich zu wenig, sein Lob aufzusetzen; darzu seindt seine hinterlassene Schriften ihm selber mehr Lobes, als wan alle Gesellschafter sich zusammentheten und wollten ihm ein Lob aufrichten".

Werders Hauptverdienst besteht in seiner Uebersetzung von Tasso's befreitem oder, wie er sich ausdrückt, „erlöseten" Jerusalem [3], die er herausgab „allen adelichen rittermässigen Cavalieren, Kriegshelden und Obersten, wie auch Männiglichen, so Ehre, Tugend und Muth dem lieben Vaterlande zum besten anzuwenden entschlossen, zur Nachfolg, Lust und Ergötzlichkeit". Sie verdient, weil sie der erste Versuch einer Uebersetzung des schwierigen italienischen Werkes ist, alle Beachtung, und ist bemerkenswerth wegen der geschickten Handhabung des schwierigen Versmaasses und wegen des meist vortrefflichen Verständnisses. Da das umfangreiche

---

[1] Vorrede zum befreiten Jerusalem.
[2] Dies geschah, weil Opitz versprochen hatte, die deutschen Gedichte W. zu widmen, das Versprechen aber nicht hielt. Krause, S. 154 Nr. 13. Die Entschuldigung liegt wol darin, dass O.'s Gedichte den Gesellschaftern zuerst in einem Lübecker Nachdrucke zukamen, vgl. die Notiz Krause, S. 129.
[3] Der ausführliche Titel bei Barthold, S. 167 A.

Werk ziemlich selten ist, so ist es vielleicht erwünscht, wenn
ich die erste und letzte Strophe desselben hierhersetze:

Von Wehr und Waffen ich und von dem Hauptmann singe,
Der Christi werthes Grab gar ritterlich erstritten,
Mit Hand und mit Verstand verrichtet' er viel Dinge,
In dem berühmten Sieg er mächtig viel erlitten.
Die Hell' zu dempfen ihn umsonst sich unterfing,
Die Heidenschaft umsonst auf ihn zusammenritte,
Dann seine Helden er durchs Himmels Güt' und Macht
Bei alle Kreutz Panier zusammen wider bracht.
. . . . . .
Also siegt Gottfried ob und als ihm noch gerad
Die Sonne hoch genug daucht selben Tages stehn,
Zog sieghaft mit seim Volk er nein in Christi Statt,
Die er nun sammt der Burgk kont überwältigt sehn;
Sein blutig Kleid er auch nicht abgeleget hat,
Als mit den Andern er that in den Tempel gehn
Und hieng die Waffen auf und bitt da an das Grab,
Und legt so sein Gelübd mit Andacht von sich ab.

Diese Proben mögen uns in den Stand setzen, zu beurtheilen, ob der ungenannte Lobredner, dessen Gedicht der Uebersetzung beigefügt ist, Recht hat, wenn er, nachdem er bemerkt hat, dass der Uebersetzer, trotzdem er sich nicht genannt habe, doch von Allen als „Werdter Rittersmann" erkannt werde, fortfährt:

Wiss, dass so lange man deutsch reden wird und schreiben,
So lange wird Dein Nam' wol unauslöschlich bleiben,
So lang und breit sich auch die deutsche Sprach' erstreckt,
So lang und breit hast Du ein' Ehre Dir erweckt,
So lang das deutsche Reich in Herrlichkeit wird schweben,
So lange wird Dein Ruhm in diesem Werke leben.

Der in unseren Briefen nach Buchner vielleicht am meisten genannte Mann ist David Müller, Buchdrucker und Buchhändler in Breslau. Er hat, wie aus Goedeke's Verzeichniss zu ersehen ist, sehr viele Opitiana herausgegeben und stand mit dem Dichter in engen freundschaftlichen Beziehungen. Bei ihm wohnte Opitz, wenn er in Breslau war, an ihn sollten, auch in Opitz' Abwesenheit, die für den Dichter bestimmten Briefe gerichtet werden. Von Müller's anderweiten Beziehungen und persönlichen Erlebnissen kann in unserem Zusammenhange nicht gehandelt werden, nur sollen hier die kleinen literarischen Denkmale gewürdigt werden, durch deren Errichtung Opitz den Namen und die Schicksale des Freundes dem Gedächtnisse der Späteren eingeprägt hat.

Was David Müller durch die Bedeutung seines Verlages und vielleicht auch durch seine persönlichen Eigenschaften bei den damaligen lateinisch und deutsch schreibenden Schriftstellern und Dichtern galt, wird am besten verdeutlicht durch eine Schrift mit folgendem Titel: Funebria beatae trium Davidis Mülleri, civis ac bibliopolae Wratislaviensis, ex Maria quondam Renischia suavissimorum liberorum: Davidis, nuper adeo et Annae Magdalenae, itemque Caroli Sigismundi, antehac, pie placideque defunctorum recordationi, non absque seria justi doloris societate destinata atque exarata a fautoribus nonnullis et amicis. Praemisso gratiarum actorio, post filioli Davidis exsequias habito sermone. Bregae. Typis Augustini Gründeri, A. C. 1632[1]).

Dies eigenthümliche Werk, das durch einen Vers aus der Andromache des Euripides eingeleitet wird und mit einer Stelle aus Seneca's Briefen schliesst, beginnt mit einer deutschen „Abdankung" bei dem Begräbniss von M. D. H., in welcher unter Anderm auch einige Verse aus der Trauerode „unsers deutschen Pindarus, H. Opitius" angeführt werden. Dieser Leichenrede folgen lateinische Gedichte des Reinard

---

[1]) Der Titel, ganz mit grossen Buchstaben, füllt eine ganze Seite. 34 Bll. in 4°. — Auch der junge D. Rhenisch, der als Student in Strassburg starb, verdankte es wol blos seiner Verwandtschaft mit D. Müller, dass er durch Nüssler und Opitz in Trauergedichten beklagt wurde, über welche Hoffmann von Fallersleben im Weimarischen Jahrb. IV, 137 ff. gehandelt hat. Sie liegen mir gleichfalls vor. — Von den Kindern, deren Tod in diesem Werke beklagt wird, war das eine 5 Jahre, das zweite 1 Jahr 5 Monate, das dritte 8 Monate alt geworden.

Rosa in Rosenigk, Nicolaus Henelius, Caspar Cunrad, des alten Gönners von Opitzens Jugendversuchen, Dan. Hermann und B. W. Nüssler, Gedichte, die nichts sonderlich Merkwürdiges darbieten, zwischen denselben weitschweifige Grabschriften des Breslauer Predigers David Rhenisch, des Grossvaters der gestorbenen Kinder, die insofern eigenthümlich sind, als sie zur Bekräftigung ihres Inhaltes Bibelstellen und Worte classischer Autoren (z. B. Cicero ad Atticum und Menander!) mit im Gefolge haben. Ein langes deutsches „Valet-Gesänglein" des durch dieses Gedicht schwerlich berühmt gewordenen Kirchenliederdichters Johann Heermann, „Pfarr zu Köben", mit der originellen Tröstung: „Was itzund euch begegnet, Ist andern auch geschehn" und nicht minder lange lateinische des Pastors Joh. Kurtzmann und des Rectors Elias Major, in den verschiedensten Versmassen, denen zu Liebe sich Magdalena die Umgestaltung ihres Namens in Magdalide gefallen lassen muss, machen den Uebergang zu vier deutschen Gedichten des Martin Opitz[1]).

Von diesen feiert das eine „auff Annen Magdalenen frühzeitiges, doch seliges absterben" die Standhaftigkeit des Christen selbst bei schweren Leiden und die Seligkeit des Wiedersehens; das zweite „auf Carol Sigissmundes Begräbniss", an den Grossvater Rhenisch gerichtet, gehört zu den schrecklichsten unter den schrecklichen Gedichten dieser Gattung. Rhenisch wird angeredet

Freund der Musen und der meine,

er wird erinnert an den Tod seines Sohnes[2]),

An des starcken Reines Strande,
Der gelernt hat spanisch sein,

an den Tod seiner Tochter, der Mutter des Kindes[3])

Die diss kindt liess ungetrencket,
Das man jetzt wie sie versencket,

---

[1]) a. a. O. D. 4a — E. 4b. Die Gedichte sind später in die verschiedenen Gedichtsammlungen aufgenommen worden.
[2]) s. oben S. 24, Anm. 1.
[3]) s. unten S. 27.

an die Vergänglichkeit alles Existirenden:

> Fewer, Lüfften, Wässer, Erden,
> Müssen nichts und nichtig werden.
> Kündt ein Hauss sein auss zu schliessen?

Nachdem der Grossvater genugsam angesungen, wird der Enkel gefragt:

> Kleiner Sohn, was mag es schaden,
> Das dein Vater nicht ist hier,
> Und dich auff die Bahr hilfft laden?

und da er nicht darauf antworten kann, im Gegensatz zu den Ueberlebenden selig gepriesen. Dagegen ist das dritte Gedicht „auff des geliebten Söhnleins Davidts Begräbniss" warm empfunden und anmuthig ausgedrückt. Der Vergleich des Knaben mit einer Blume ist hübsch durchgeführt und die Erwähnung der kleinen Züge aus der Kinderzeit ist innig und wahr. Recht bezeichnend schliesst der Dichter seine Klage:

> Die andern Blumen sind wie du
> Sie blühen unterm Blühen zu,
> Der schrifften Früling wird nicht schwinden.

Das vierte und letzte Gedicht: „Trostrede an Herrn David Müllers unter der Person seines selig verstorbenen einigen und hertzlieben Söhnleins Davidts", ist eine lange altkluge und wenig poetische Reimerei[1]).

Auf Opitzens Beiträge zu diesem Sammelwerke folgen nun lateinische Gedichte der Rectoren Matthias Jacobus und Michael Caelius, der gleich dem bald folgenden Godefridus Wagner gelehrte Anmerkungen beifügt, der Lehrer Henricus Closius, Samuel Specht, Melchior Ostius, Christoph Schwartzbachius, deutsche des Johannes Roth und Wilhelm Bundschuh, aus welchem letzteren ich zur Charakteristik nur die Worte anführe:

---

[1]) Z. B. Umb meinen zarten Leib leuchet eine gantze herde
Von zarten würmern her.

>Noch in des Alters ersten Mertzen
>Hat ewer Söhnlein müssen stertzen
>Und zwar in einem huy . . . .
>Diss mag das Blut im leibe regen.

Deutsche Gedichte des Christoph Colerus, des Christian Cunrad und des Andreas Tscherning beschliessen, ein paar Kleinigkeiten abgerechnet, den Band. Der Erstere, der, wie wir sonst wissen, dem Vater Müller nicht gar zu freundlich gegenüberstand, feiert wenigstens den Sohn[1]; Cunrad hat durch seine fünf in Ausdruck und Inhalt ganz gewöhnliche Strophen, schwerlich den poetischen Lorbeerkranz verdient[2] und Tscherning hat sonst Besseres gedichtet[3], als diesen, allerdings nicht übel durchgeführten, Vergleich zwischen dem Leben des Menschen und dem Schiff auf dem Meere.

Aber nicht erst bei diesen Gelegenheiten — denn diese Todesfälle traten nicht zu gleicher Zeit ein, so dass Opitz' verschiedene Beiträge schon vorher separat erschienen waren — und nicht bei ihnen allein, wusste Opitz seinen Freund poetisch und prosaisch anzureden, sondern vorher und nachher wusste er die gewünschte Veranlassung zu ergreifen.

Als David Müllers Frau, Maria, geb. Reinisch, starb, widmete Opitz dem überlebenden Gatten ein Trostgedicht und eine Trostschrift[4], von denen das erstere sich durch seine Kürze, die letztere durch ihre Länge auszeichnet. In dem Gedichte wird der Leidtragende manchmal als „Herr

---

[1] In einem Briefe an Opitz schreibt Coler: Cum Müllero, homine sordido et immodesto, non possum convenire. Multis cavillis et aculeatis dicteriis mihi illusit 1. Mai 1631 in der Jaski'schen Sammlung S. 98; ähnliche, noch stärkere Ausdrücke das. S. 120. Uebrigens kann es Coler nicht lassen, selbst in diesem Gedichte Opitz zu loben:
>Opitz, unser teutscher Schwan
>Flicht Dir auff dem Helikone
>Eine stette Lorbeerkrone.

[2] Den Opitz ihm selbst aufsetzt, vgl. unten Nr. XIV.

[3] Vgl. besonders Gervinus III, 5. Aufl. S. 331 ff.

[4] Separat erschienen, vgl. Goedeke S. 444, Nr. 22. Beide Stücke sind aber auch abgedruckt in der Breslauer Ausgabe der Werke II, S. 409—412 und 424—450, wonach ich citire.

Müller" angeredet und die Todte als „eurer Sorgen gewünschte Ruhestatt" bezeichnet, von dem Tode aber wird ausgesagt, dass er „den Geist aus der Haut gezogen" und dass er „uns Allen eingreift". In der Trostschrift werden die gewöhnlichen Gedanken, dass wir alle sterben müssen, dass das ganze Leben elend und erbärmlich, dass das Alter traurig und daher ein früher Tod vorzuziehen sei, sehr breit ausgeführt und mit Stellen aus den Alten, wie Ennius, Seneka, Martial und den Neueren: Petrarka[1]) und Ronsard erläutert. Als Trostgründe gibt er besonders an, dass bei dem allgemeinen Elend der Zeit das Unglück des Einzelnen schweigen müsse[2]), ferner eine etwas stark medicinische Schilderung des körperlichen Zustandes der Verstorbenen[3]) und endlich die Versicherung, dass das Gedächtniss der Frau „durch die handt gelehrter Leute, derer euch dann ein gantzer hauffe hierinnen willfahren," gefeiert würde[4]).

So sehr der Trauernde nun durch diese Theilnahme gerührt gewesen sein mag, so scheint er einen andern Trost für wirksamer gehalten zu haben, nämlich den einer neuen Heirath und als er noch in demselben Jahre die Jungfrau Martha geb. Hein als zweite Frau heimführte, sah er unter den Glückwünschenden auch unsern Dichter mit einem Hochzeitsgedichte[5]).

---

[1]) Bei Letzterem heisst es S. 443: Es thut mir bange, das ich noch der sprache nicht besser kundig bin. An ein Sonnet will ich mich gleichwol machen.

[2]) Gehe nur einer hin und beklage den betrübten Zustandt Deutschlandes, des schönsten Theiles von Europa. Er beweine die verwüstung so vieler Länder und städte; weil auch die Erde untergehen und fallen soll, die doch keinen Ort hatt, wo sie hin fallen kan. Betrawert Ihr ewre Liebste, nach dem so viel tausend Menschen, so viel Ritter und Helden beyderseits durch jetzigen jämmerlichen Krieg und einheimische Waffen hingewürgt und aufgeopfert sind. S. 427 fg.

[3]) Die stärkste Stelle lautet: „Hettet Ihr die Ursache jhrer Kranckheit, die Lunge und dergleichen, beschawen sollen, jhr würdet vielleicht nichts als wust und eyter gefunden haben". S. 432.

[4]) S. 449.

[5]) Abgedruckt von Hoffmann von Fallersleben im Weimarischen Jahrb. III, S. 136.

Und nicht nur dem Lebenden, auch dem Todten galt Opitz' Verehrung; als Müller gestorben war, widmete Opitz dem Andenken an ihn ein Trauergedicht, in welchem die schöne Stelle vorkommt: Der mir ein Freund mit Namen, mit That ein Bruder war.

Tobias Hübner, der in unsern Briefen gleichfalls viel genannt wird, war eins der ersten Mitglieder der fruchtbringenden Gesellschaft (bereits 1619). Er hatte den Beinamen „der Nutzbare" und erhielt folgendes Reimgesetz:

> Vielfältig nutzbar ist der gute Rübesamen
> An Korn und Oele, drumb führ ich mir diesen Namen:
> Wie nutzbar ich nun sey, mein Bartas noch bewehrt,
> Den [1]) Teutsch in reimen ich zu reden rein gelehrt,
> Ohn einig frembd gemeng, dass die von frembden Orten
> Sich wundern ob der Art, so klar in allen Worten,
> Und Zeugniss geben selbst, dass in gebundner Red
> Ich erst den Weg gezeigt, und Teutsch in Mass geredt [2]).

Aber nicht blos durch diesen Reimspruch, dessen Aufgabe nun einmal darin bestand, laut zu loben, ward die Hübner'sche Uebersetzung gerühmt, auch durch andere der Cumanischen Sibylle in den Mund gelegte Verse [3]), und als ihr Hauptverdienst erklärt, „dass Er das gantze Werk, jede Reimzeile mit soviel Silben als in dem gegenüber gesetzten Französischen zu zählen, in gleicher Reimahrt gedolmetscht" [4]). Nur leise klingt Schottel's Tadel, bei aller Anerkennung des Werkes gegen dieses Preisen an, wenn er sagt, „obschon nicht eben allemahl bey so enggesetzten Schranken die Wortzeit nach Teutscher jetziger richtiger Reimmaas beobachtet werden können [5])."

Die Uebersetzung, um die es sich hier handelt, ist das grosse Werk: „Die andere Woche" des Wilhelm von Saluste, Herrn zu Bartas. Von dieser Uebersetzung hatte Hübner

---

[1]) So ändere ich statt des wenig verständlichen „denn" im Texte.
[2]) Krause, Erzschrein, S. 432, Nr. 25.
[3]) Mitgetheilt bei Neumark, Neusprossender Palmbaum. S. 458.
[4]) So lautet Neumark's Urtheil a. a. O.
[5]) Ausführliche Arbeit von der Teutschen Haubtsprache S. 1183.

1619 als Probe ein Stück erscheinen lassen: „Der Beruf[1]",
dem dann im J. 1622 ein ganzer Band und später einzelne
undatirte Hefte folgten. Das Ganze — französischer Text und
Uebersetzung, die sich immer gegenüberstehen — füllt einen
Band von ungefähr 900 Quartseiten[2]), mit etwa 14,000 Versen.
Bartas hatte wahrscheinlich der Woche die ihr gebührenden
sieben Tage geben wollen, kam aber bereits bei vier Tagen
mit seinem Stoffe — der biblischen Geschichte von der
Schöpfung bis zur Vernichtung des Reiches Juda — zu Ende.
Jeder der vier Tage zerfällt in vier Theile und zwar der
erste in: Eden; der Betrug; die hellische Plagen; die Handwercksküuste; der zweite in: Die Arche; Babilon; die Fortwanderung; die Seulen; der dritte in: Der Beruff; die Altväter; das Gesetz; die Feldobersten; der vierte in: Die Siegzeichen; die Herrligkeit; die Trennung; das Abnehmen.

Durch diese Uebersetzung glaubte Hübner sich berechtigt, den Anspruch zu erheben, dass er die Opitz'schen Reimgesetze schon vor Opitz aufgestellt und befolgt habe. Dagegen lehrt ein Blick auf die Uebersetzung, dass Hübner durchaus die Silben zählt und nicht misst. Nur ein Verdienst hat Hübner, das Opitz aber bereitwillig zugesteht, dass er nämlich den Alexandriner geschickt behandelt und die Caesur nach der sechsten Silbe streng beobachtet[3]).

Hübner starb in sehr angesehener Stellung, 58 Jahre alt, im J. 1636[4]).

---

[1]) 1318 Verse; Cöthen 1619, 91 SS. in 4°.
[2]) Königliche Bibliothek in Berlin. Xt. 5690.
[3]) Opitz von der Poeterey Cap. 7. — Hübner sagt in der Vorrede zur Uebersetzung: „dass allezeit die sechste Sylbe in jedem Verss oder Reim den Abschnitt oder Caesur macht und helt, derwegen allein masculinae terminationis, das ist, entweder ein einsylbig Wort seyn, oder den Accent in der letzten Sylbe haben muss".
[4]) Vgl. über ihn bes. Barthold a. a. O. S. 156—162, 164, 209.

I.[1)]

Liegnitz.   5. Oct. 1624.

Ad Augustum Buchnerum.

S. p. d. Ingentem cepi voluptatem, Buchnere clarissime, cum ex eis quas ad Musarum decus illud, Nüsslerum nostrum, dedisti cognovi, te benevolentia me singulari et amore amplecti. Atque utinam dignus essem ea laude qua immerentem me depraedicas et extollis; nihil enim praeter conatum et juvandi bonas literas voluntatem expectari a me posse libentissime fateor. Egregium tamen tuum de ingenio meo studiisque judicium surgentes meas spes non mediocriter confirmabit meque fomitis cujusdam instar accendet. Porro quia germanicorum poëmatum editionem innotuisse tibi video, scito eam a manu Zingreifii[2)] esse qui libello quem ante aliquot annos Heidelbergae[3)] concinnaveram plurima sine discrimine adjecit quod indigna luce publica et mendis plena, cum ab admodum puero conscripta fuissent, merito exposueram. Itaque etiam atque etiam peto, ne ex nugis istis conjecturam de reliquis rebus meis facias; sed donec brevi emendatiora et auctiora prodeant, inque amicum qui nullo quidem malo animo, intempestive tamen meque inscio, ista prodire passus

---

[1)] Basel öff. Bibl. Hdschr. G. ¹ I, 15, vol. 24. fol. 192. Dieser Brief ist geschrieben, bevor ein Zusammentreffen des Opitz und Buchner stattgefunden hatte.

[2)] J. W. Zincgref, geb. 1591, gest. 1635. Ueber Leben und Werke, vgl. Goedeke, Grundriss II, S. 441, Nr. 8. Die Ausgabe Strassb. 1624, Goedeke S. 444, Nr. 13.

[3)] 1619, also im 22. Lebensjahre.

est culpam omnem rejicias. Nullum ¹) libellum de re poetica Germanorum, quo de accentuum nostrorum syllabarum et carminum ratione disserui typographis transmisi ²) et paulo post animadversiones in dissertationem Manutiorum nepotum de Dacia, cum inscriptionibus quas in hac quondam celeberrima Romanorum provincia praeter eas quae apud Gruterum extant reperi, luci publicae dabo ³).

Tu delicias nostras, Flaccum, qua potes ope, et potes plurima, juvare perge totisque viribus in id incumbe, ut jacentia occasione armorum civilium studia literarum a contemptu et oblivione vindicentur, certamque a posteritate quae gratias immortales animis eruditis reddit mercedem expecta. Vale, mi cl. Buchnere, et officium hoc scribendi a me coeptum non intermitte: nihil enim mihi gratius accidet quam creberrima literarum tuarum lectione detineri. Raptissime qui meus mos est, Lignicii d. 5. Octobr. Anno 1624

T. Vir cl.

ex animo

M. Opitius.

---

¹) nullum = nichtiges, unbedeutendes.

²) Das Buch von der teutschen Poeterey erschien 1624. Goedeke S. 443, Nr. 10.

³) Die angekündigten Bemerkungen und Inschriften sind, soweit ich weiss, nicht veröffentlicht worden.

⁴) Das Datum ist nach dem Inhalt des Briefes über allen Zweifel erhaben; daher ist Wilhelm Buchner's Meinung, S. 24, dass der Briefwechsel erst 1626 begonnen habe, zu berichtigen. Die Unrichtigkeit der Buchner'schen Meinung lässt sich übrigens auch aus dem gedruckten Material erweisen. In dem Buche: L. Annaei | Senecae |, Trojanerinnen |, deutsch übersetzt und mit leichter | Auslegung erkleret | Durch | Martinum Opitium. Wittenberg bei Zach. Schürer 1625, 12 unpagg. und 96 pagg SS. in 4°, befindet sich ein (lateinischer) Widmungsbrief des Opitz an A. Buchner, dat. 8. Cal. Sext. 1625. Da der Brief wenig bekannt zu sein scheint, so sei daraus folgende nicht unwichtige Stelle mitgetheilt, welche eine Aufzählung von Buchners lobenswerthen Eigenschaften beschliesst: dexterrmium istud limatumque judicium quod ad excitandas nobiscum musas germanicas afferre soles, spem mihi facit certissimam, parcius nos lecturos in posterum illos qui, ut ingenuitatem nostram ac mores, ita sermonis quoque castitatem non mediocriter hactenus corruperunt.

II.[1]

Breslau. 9. Juni 1626.

Ad Augustum Buchnerum.

S. p. d. Clarissime vir, domine colende. Tuae quas ante quatuor et decem dies accepi primae a te sunt ab eo tempore quo a te discessi....[2]. Sed crede, mi frater, nunquam magis erroribus variis circumactus fui quam nunc cum tranquillitatem maxime sperabam. Aulae splendore, sive ut ego dico miseria, totum me sibi vindicavit et vel Lignicium cujus principi sane sum gratissimus, me habuit vel Burggravius de Dhona, Carolus Annibal, vir illustrissimus quem nosti, cujus victu domoque totus nunc utor utarque quamdiu ille volet et supremus rerum arbiter cui me totum committo. Ante paucos dies a Gabriele, Dacorum principe, accepi multo clementissimas qui cum audiverit, me aliquid de antiquis provinciarum suarum rebus moliri, ad earum accuratiorem perlustrationem benevolis me verbis invitavit. Res duorum mensium esset inter quos eques ire ac redire possem. Neque hoc nolente patrono meo domestico; ob causas etiam privatas. Ipse non minus constitui prima quaque occasione Sarmatiae metropolim Cracoviam, inde Quados posteriores, ubi nunc Pannonia superior, Daciam postea petere et extrema Danubii loca. Si me Deus reducet habebo quod ipsi imputem; sin minus et sic quoque. Propositum enim mihi est servire bonis artibus easque res exercere quas nobis solis non discimus[3].

---

[1] Basel, G.[2] I, 18, vol. 28; fol. 155—157.

[2] In den wenigen ausgelassenen Höflichkeitsworten bedauert O., dass ein Brief B.'s verloren gegangen sei und versichert, dass er selbst nicht mehr habe schreiben können. Uebrigens ist auch der Brief B.'s, von dem O. schreibt — etwa vom 18. Mai 1626 — nicht erhalten. Der Besuch bei B., von dem O. redet, ist wol derselbe, über welchen B. sehr begeistert au Nüssler schreibt (undat., Buchneri epistolae II, p. 169, Nr. LIII).

[3] Ueber diese zweite Reise zu Bethlen Gabor von Siebenbürgen, aus der freilich, trotz O.'s festen Vorsatzes, nichts geworden ist, schreibt B. in seiner Antwort (17. Juni 1626, B. epistolae Nr. II, vol. I, p. 6. vgl. auch unten Nr. III, S 35, A. 5.): De itinere tuo Dacico iterum te moneo, ut caute illud suscipias et cum accuratissima cura tuae salutis. Nam ut tu parum cures

Interea semel adhuc scribere ad me poteris per cursores publicos Lipsenses idque ut facias etiam atque etiam rogo. Literae recte mittentur in hanc urbem, ubi nunc vivo ad Davidem Mullerum, bibliopolam ¹).

De casu charissimae prolis tuae summo cum dolore audivi ²). Doctissimo musico Schutzio si quid a me volet promptissime inserviam ³). Tu germanicas nostras Musas strenue, ut video, et recte juvare pergis. A me nihil interea prodiit praeter Threnos Jeremiae nostra poesi redditos ⁴).

---

quid de te futurum sit: cogitare tamen debes et sedule tecum expendere, quid de te patriae communis sibi exspectet. Cujus certe maxime interest, te quam diutissime superesse. Profecto ego pro te omnia etiam tuta timeo. Nam, ut nosti, maximo amori maximus semper metus junctus est. Itaque te per quicquid tibi sanctum ac carum est, oro quaesoque ut tui rationem habeas et maneas potius, si quid timendum fuerit, quam incertis periculorum te committas. Pereat omnis Dacia, modo Opitius noster nobis superet (!). Merkwürdigerweise geht B. auf alle sonst in unserm Briefe gegebenen Personalnotizen, auf die angekündigten, resp. mitgeschickten Schriften O.'s, nicht ein. — Wilhelm Buchner's Auffassung unserer Stelle (S. 24) ist falsch.

¹) Ueber David Müller vgl. oben S. 23 ff.

²) Ueber den Unfall der Tochter Buchners findet sich weder in seinen Briefen, noch in seiner Biographie eine Andeutung.

³) Wahrscheinlich den Text zu der Oper Daphne s. unten Nr. XI. Auf diese Bitte kommt B. nochmals zurück in einem undatirten Schreiben (Epp. Buchn. vol. II, p. 335 ff.), das wahrscheinlich vom 13. Juni ist, nach B. vol. I, p. 3. Warum Wilhelm Buchner bezweifelt (S. 28), dass dieser Brief an O. gerichtet sei, ist nicht recht einzusehen.

⁴) Die Klagelieder | Jeremia |, Poetisch gesetzt | durch | Martin Opitzen | sampt noch anderen seinen | newen gedichten. Aa bis Dd à 4 Bll. in 4°. Görlitz. Johann Rhambaw. 1626. Die „neuen Gedichte" sind eine Uebersetzung des 42. Psalms und ein Trostlied, das zwar verlockend genug anfängt: „Zehnde von den Pierinnen, | Vierdte Charis dieser zeit, | Andre Venus, lass den sinnen | Keinen fug zur traurigkeit" |, aber seine Adressatin nicht verräth. Der Uebersetzung in Alexandrinern geht eine lateinische Widmung voraus an Bürgermeister und Rath der Stadt Schweidnitz (datirt Boleslaviae Silesiorum, 2. Januar 1626), welche den traurigen Zustand der Wissenschaft beklagt, die Fürsorge der Stadt Schweidnitz für dieselben aber rühmlich hervorhebt, und das vorliegende Buch als Vorläufer von Uebersetzungen anderer biblischer Bücher ankündigt. Darauf folgt das sehr merkwürdige Urtheil und Bekenntniss: Melissi enim,

Versus quos hic addidi¹) jussu maecenatis mei ante aliquot dies scripsi tua lectione vix dignos. Argenis typographo tradita est fere tota quae prostabit nundinis anctumni²).

Haec sunt quae oppressus mole ineptissimorum negotiorum scribere ad te potui; plura ante abitum in Daciam meum³). Sentio enim quam multis modis tibi obstrictus sim et, tanquam debitor non immemor, gratias interim ago donec possim referre. Ab amplissimo Kirchnero qui per aliquot septimanas cum principe nostro hic fuit et diutius erit salutem tibi nuncio plurimam; item a Nusslero nostro qui his demum diebus cum suo principe domum abiit. Vale, vir clarissime, frater majorem in modum colende. Vrat. 9. d. Junii anno 1626.

T. F.

M. Opitius.

III.⁴)

Baruth. 15. Juli 1626.

Ad Augustum Buchnerum.

S. p. d. Vir clarissime. Tuas⁵) cum acceperim in procinctu eram itineris Berolinum versus ad electorum cum

---

horridi multoties in latinis etiam versibus (lyrica pleraque sane divina excipio) poetae et alterius labor absterrere me aliosque non debet: cum praesertim haec tonorum apud nos et rhythmorum accuratior observatio nunc demum post eorum memoriam aut inventa, aut exculta sit. Die Widmung schliesst mit einer Aufzählung seiner Vorgänger bei anderen Völkern, unter denen Franciscus Perottus irrthümlich für Nicolaus P. genannt wird und der Ungar Albertus Molnar amicus meus sonst wenig bekannt ist.

¹) In der Basler Handschrift lagen keine Verse bei.
²) Barclay's Argenis, Goedeke, S. 444, Nr. 16, s. unten Nr. V.
³) Dass und warum aus dieser so fest beabsichtigten Reise nichts wurde, ersieht man aus dem folgenden Brief Nr. III.
⁴) Basel G.² I, 18 vol. 28; fol. 158, 159.
⁵) Vom 17. Juni 1626 in der Jaski'schen Sammlung p. 4—9, vgl. auch o. S. 83, A. 3. In diesem Brief tadelt B. eine Hübner'sche Uebersetzung

illustrissimo patrono meo qui legatus Imperatoris eo tendebat. Nunc ille ante nos Silesiam petit ob infestas Mansfeldii copias quae eo tendunt. Nos extra viam regiam latera vestrae Saxoniae attigimus cum equis et impedimentis, ne aut capi possimus aut gravius aliquid pati cogamur. Hic nihil periculi est et fortasse alibi non erit. Ut rem natam video, castra me imposterum habebunt, cum a Maecenate meo discedere temere nolim [1]). Itaque omnes tuas (nam ob causas gravissimas quas scire in his rerum turbis facile potes peregrinationem in Daciam reposui usque dum melior tempestas redeat) Vratislaviam ad Davidem Mullerum bibliopolam mittere poteris. Nihil mihi gratius erit in hac ruina meorum (de me namque securus sum) quam tuas videre tecumque loqui saepissime.

Argenidem totam acceperunt bibliopolae et jam illi aliquid ad me miserunt. Typi valde placent neque dubito de calcographo qui imagines nobis dabit. Iam ulterius a me nihil expectare potes. Tuos versus ex Heinsii carmine redditos [2]) cum amplissimo nostro Kirchnero accurate legi. Probavimus sane creberrimos loquendi modos in quibus magnopere assurgis. Si aulae vestrae mores hoc patiuntur, suadeo ut edas nobis orationem praestantissimam; diu enim est cum eam legi. Werderi [3]) literas cum tuis et Tasso de quo promitti Vratislaviae quo contendimus spero inveniam. Inde statim meas habebis. Nunc nullo quidem metu, sed ob strepitus militum qui comites nobis adjuncti sunt aliasque curas minores, ita turbatus sum, ut dum hanc lineam scribo de priori non meminerim. Accuratior ero, ut dixi, deinceps. Interea vale o et praesidium et dulce decus meum. Ex oppido Baruth [4]),

---

und stellt Grundsätze auf, welche bei einer Uebersetzung zu befolgen seien. Ueber den übrigen Inhalt des Briefes, der auch in B. epp. abgedruckt ist, vgl. oben Nr. II, A. 3.

[1]) s. oben S. 6.

[2]) Diese (Deutsche?) Uebersetzung ist mir unbekannt.

[3]) Dietrich v. d. Werder, s. oben S. 19 ff. Seine Uebersetzung des Tasso, welche ohne Zweifel hier gemeint ist, erschien Frankfurt a/O. 1626. Vgl. Goedeke Gr. S. II, 447, 7; vgl. Nr. IV.

[4]) Königreich Sachsen, Kreisdirektion Bautzen, Amtshauptmannschaft Löbau.

septem a vobis aut sex, ut audio, saltem miliaribus, itaque scire potes quanto majori tui desiderio teneor, cum tam prope a te absim. Sed acerbus Mars vetat. Vale iterum, frater jucundissime. Postridie Eid: Quinctil. stili novi, Anno 1626

T. V. C. (!)
Totus
M. Opitius.

IV.[1)]

Dresden. 30. Aug. 1626.

Ad nobilissimum equitem Werderum.

S. p. d. Illustris vir, domine colende. Spero tibi redditas fuisse illas[2)] quas Berolini Bodenhusio, vestro equiti splendidissimo, dederam. Domum reversus amicissimas tuas multo ante perscriptas reperi simul etiam Torquatum tuum[3)], munus nobilissimum cujus exemplar unum (ipse enim autem habebam) cl. viro Casparo Kirchnero[4)] qui te amat plurimum et aestimat, tradidi, altero vel Stralendorfium[5)], vel alium quempiam qui judicium ad Musas affert, quamprimum

---

[1)] Basel, G. ⁎ I, 18 vol. 28. fol. 159, 160.

[2)] Ein anderer Brief O.'s an Werder ist nicht erhalten; auch der „Glanz" des Ritters Bodenhaus scheint sein Leben nicht überdauert zu haben.

[3)] Tasso, s. oben S. 22 fg.

[4)] Caspar Kirchner ist in den Briefen vielfach erwähnt. An ihn sind drei lateinische Gedichte von Opitz gerichtet (Silvae lib. III, p. 63—66). ad K. sponsum, in nuptias ejusdem und ad eundem peraegre abeuntis. Das letzte Gedicht schliesst:
 At seu cito, seu serius redibimus,
  Seu forte nunquam, nominis vestri dies
  Quaecumque amorem mi eximet, vitae eximet.
In einem andern Gedichte ad K. (Silvae, lib. II, p. 51 fg.) beneidet O. den Freund um das Glück, in Vaterlande zu leben, während er überall umhergeworfen würde. K. starb 1627, s. unten Nr. VIII.

[5)] Auch über diesen Ritter weiss ich nichts, kann daher nicht sagen, ob er ein Exemplar des Werder'schen Tasso erhalten hat.

in aulam venire potero, donabo. Scis vero quid sentiam: egregium istud opus cum specto, nisi te nossem, vix crederem alicui de equestribus tuis artibus et subacto aularum moribus animo narranti; ita nihil hic est quod non oleat illius doctrinae lucernam quae sola ab alto pinguique otio cogitanda est. Quousque autem aliorum ingenio nostra lingua loquimur? Ita Phaebus me amet, non adulor tui [1] generosissimi spiritus: carmen quod poetae praefixisti, satis ostendit exterorum jactantiam ridere nos imposterum satis tuto posse. Assere te tibi et posteritati, cum praesertim longis belli malis edoctus sis quam vana et fluxa sint ista ob quae calcamus invicem alios et calcamur. Fac hoc iterum iterumque peto meque, ut soles, ama et tuas, si vacat, Vratislaviam quam cras repeto ad Davidum Mullerum transmittas. Magnificus vir, Dominus Hübnerus quid in his rerum turbis agat scire aveo, et celsissimis principibus vestris [2]) commendari. Vale vir generosissime. Dresdae 2 col. septembr. anno 1626 [3])

Tuus, equitum Decus Werdere,
M. Opitius.

V.

Breslau.   Nov. 1626.

Ad Augustum Buchnerum Martini Opitii [4]).

Possum cogitare, vir clarissime, te propterea silere, quod credas me ob negotia heri mei et patroni domestici [5]) in urbe

---

[1]) In der von mir benutzten Handschrift steht deutlich: tei.

[2]) Gemeint sind wol die Anhalter Fürsten.

[3]) Den vorliegenden Brief schickte Opitz durch Vermittelung Buchners, wie aus einem kleinen Briefe O.'s an B., datirt Dresdae 2. cal. sept. o. J. (Basel, G² I, 15 vol. 25; fol. 159) hervorgeht. In dem Briefchen, das wenig mehr als Freundschaftsversicherungen enthält und das deswegen nicht ganz von mir mitgetheilt worden ist, kommt folgende Stelle vor: Breve fuit hoc tempus quo conspectu tuo et alloquio frui licuit. Nunc me et iniquissimae vestratium protelationes et negotia herilia hinc avellunt.

[4]) Basel, G.² I, 15 vol. 24; fol. 193 und 194.

[5]) Graf von Dohna.

nostra non esse. Fui equidem ab eo tempore, quo Dresda discessi [1]), fere semper alibi, ante dies tamen aliquot Maecenas meas plurimis precibus victus ad castra iturus ut huc secederem concessit [2]). Itaque indultu ejus et sumptibus per aliquot, spero, menses hic commorabor libellisque meis et amicis quos in amplissima hac civitate plurimos habeo tempus transigam. Suavius reddent otium hoc meum tuae literae quas tu quavis occasione, ita me ames [3]), huc transmittes.

An decus illud Equitum Werderus meas acceperit [4]), scire cupio; ejus enim amorem maxime facio. Caeterum Argenis quamquam ad calcem usque perducta, tamen his nundinis non prostabit: cum ob calcographi segnitiem qui imagines nondum omnes aeri incidit, tum ob privilegium imperatoris [5]) quod ab aula indies expectamus. Plurimus mihi labor per quatriduum fuit in conficiendo indice [6]) in hunc librum, ne quid lector possit desiderare. Porro hic dum ero jucundissimam quietem meam sic abire non sinam, sed vel ad Daciam

---

[1]) Vgl. oben Nr. IV.
[2]) s. oben S. 6.
[3]) Im Text deutlich amas, ich habe es nach Analogie des: ita Phoebus me amet geändert.
[4]) s. vorige Nummer.
[5]) Von Joh. Barclays Argenis erschien in Opitz' „Verdeutschung" der erste Theil, 5 Bücher umfassend, Breslau 1626 (1048 SS. in 8°), mit einer Widmung des Verlegers David Müller an die Herzöge Georg, Ludwig, Rudolph und Christian von Schlesien. Auf dem Titel ist zwar bemerkt Cum gratia et privilegio sa. caes. majestatis, aber in dem Buche ist kein Privilegium abgedruckt.
[6]) Das „Register der eigentlichen Namen, Sachen und Sprüche in der Argenis" umfasst 14 unpagg. Bll. Demselben geht eine Anrede an den Leser voran, aus der ich die Bemerkung hervorhebe: „Was Barclay wider eine und andere Religion verdeckter Weise redet, sol keinen dieses artliche Buch zulesen abhalten. Es sey dann, dass jemand der meinung ist, man dürffe deutsch nicht so frey herausslesen, als Lateinisch und Frantzösisch". Um im Verlauf unserer Bemerkungen nicht nochmals auf diese Opitz'sche Uebersetzung zurückzukommen, so sei gleich hier bemerkt, dass der zweite Theil (648 pagg. SS.) 1631 erschienen ist mit einer Widmung des Verlegers David Müller an Seyfried von Promnitz und Heinrich von Reichenbach.

redibo, vel ad carminum amorem quorum materia deesse hic non potest. Tu quid agas et ut valeas fac ne ignorem: valere enim te ex animo desidero. Vratislav. novembr. 1626.

T. F.

M. Opitius.

VI.[1)]

Breslau. 23. Jan. 1627.

Ad Augustum Buchnerum.

S. p. d. Vir clarissime, frater desideratissime, prorsus credo meas [2)] ad te perlatas non esse; mirum enim esset te alias tamdiu silere. Vidi quae in libello Meisneri [3)] contra hominem imperitissimum notasti; sane lepida tuo more. Argenis cum imaginibus tota absoluta est, exemplaria tamen Vratislaviae nondum habemus. Canticum item Salomonis prodiit odis Germanicis [4)] a me redditum caeterum indultu illustris-

---

[1)] Basel, G.² I, 15 vol. 24; fol. 195.
[2)] s. Nr. V.
[3)] In den epistolae Buchneri finden sich z. J. 1637 Briefe von Johann Meissner, S. 104 fg., 115 fg., die aber nicht hierhergehören; gemeint ist vielmehr die in Briefform gehaltene Abhandlung: Reverendo atque clarissimo viro domino Balthasari Meissnero (Epistolae Buchneri II, p. 360—405), welche Bemerkungen zu einem (gegen Meissner gerichteten?) Buche des Joh. Paulus Czarncovius enthält, welches charakterisirt wird als ein Buch, in dem novam plane grammaticam introduci, immo quidquid praeceptum unquam ab eruditis grammaticis negligi, sperni, conculcari.
[4)] Salomons | des Hebreischen Königes | hohes Liedt. Vom Martin Opitz | in deutsche Gesänge bracht |. Bresslaw, David Müller 1627. 4 Bll. und 30 SS. in 4°. Das Werkchen ist in acht Lieder getheilt, in welchem Salomon und die Sulamithinn als redend eingeführt werden. Die Uebersetzung, die durch ihre Steifheit und berechnete Sinnlichkeit an die echte Gluth und leidenschaftliche Liebesprache des Originals nicht entfernt heranreicht, ist bald in sechszeiligen, bald in vierzeiligen langen regelmässigen oder kurzen unregelmässigen Strophen gedichtet. Sie ist dem Horatius Fornus, kais. Rathe und „General-Ober-Einnember der Biergefälle" in Schlesien gewidmet (Breslau, 31. Dec. 1626). Opitz führt in ihr aus, dass er der Ansicht derer beistimme, welche in der Geliebten die

simi, patroni hactenus hic vixi vivamque ut spero. Pinguiori otio numquam usus sum et urbis genius ita me cepit, ut avelli facile hinc nolim. Tu vale itidem, praeclarissime virorum, et tandem ingratae vincula rumpo morae. Ad Davidem Mullerum Bibliopolam tuas recte transmittas. Ex Metropoli Vratislaviae XXIII. d. Januar. Anno 1627.
Fide optima
M. Opitius.

VII.[1]

Breslau. 28. Febr. 1627.

Ad Augustum Buchnerum.

S. p. d. Heri reversus ex praediis Maecenatis mei, frater jucundissime, binas tuas offendi, vellem trinas, ita nihil mihi tuis esse potest acceptius. Recompensemus, quaeso, negligentiam hactenus nostram crebrioribus deinceps epistolis et cursores vel centuriis earum oneremus. Tu certe mihi aegritudinem omnem quam necesse est hominem patriae bonique publici amantem, ut nunc quidem tempora sunt, concipere alloquio tu bona fide absterseris. De valetudinis tuae malo

---

auserwählte Kirche Gottes sehen und nennt unter seinen Gewährsmännern ausser vielen Kirchenvätern „auch etliche Rabinen, als Salomon Jarkius und Abben Ezra"; dass er mit Recht sich jetzt diesem Gedichte hätte zuwenden dürfen, da er das 30. Jahr bereits erreicht hätte; und gibt als Grund seiner Widmung an, dass Ew. Gestr. mir die stille Rhue, derer anjetzo mein Gnädiger Herr (dem ich den grössesten Theil der Wolfarth zu dancken habe) in dieser unserer schönen Stadt zu meines studierens fromen mich seiner leutseligkeit nach wil geniessen lassen von eigner bewegniss aussbitten helffen und wolgeneigt bedacht hat, dass sich die blutige Bellone mit den friedtsamen Musen, derer gantzes thun in freyheit und eigenem Willen bestehet, nicht begehen köndte". Der Beifall, den das Gedicht zu seiner Zeit fand, war so gross, dass es von Andrea Hammerschmieden in Musik gesetzt wurde (Dresden 1658) und zwar „in ein und zwei Vokalstimmen, zwei Violinen, einem Instrumental- und General-Bass componiret".

[1]) Basel, G.ˢ I, 22 vol. 26; fol. 172—174.

aegerrime audivi neque sine terrore legi scorbuti minas et nomen. De sanguine tuo nihil mihi boni statim promisi, cum notitia de facie tua felicitati meae addita est. Etiam atque etiam tui curam habe, mi frater, et istis quae dicimus bonis non parce, ut te nobis et reipublicae literariae serves. De acidulis Variscorum medicos audies, aquae tamen Hirsbergenses ad quas ante triennium integros duos menses cum principe meo delitui in his, quae de te narras, plurimum, ut fertur, possunt. Devorarem tantillum viae et medicinam hanc alloquiis meis (nam et haec apud amicos, qui tantopere quidem inter se juncti sunt, aliquid proficiunt) juvarem. Aut si metropolim hanc intueri animus esset, sane praesentia tua superbirem. Audies medicos et facies quod tibi usui erit. Nam illud ultimum tuarum de eo quod humanitus accidit, de honorario tumulo, de morte, apage quaeso. Sunt tibi vires, est aetas vegeta, est corpus firmum et quod perpeti multa possit, ut cogitare tam acerba non debeas. Immo tuum fortassis erit officium, hoc manibus meis exhibere, ita vasculum hoc fragile nihil in se boni gerit Splenis assidua intemperies, stomachi debilitas, catharri frequentes et pulmonum, quod ut medici credere nolunt, ita maxime tamen vereor, exulceratio; quid aliud expectare me quotidie jubent quam quod semel faciendum est. Ibo libenter et sequar te, mi Buchnere, altera pars vitae meae, quam in coelum tecum pertraxisti.

At tu de Heinsio[1]) quoque dicis. Crede mihi, Auguste, sine luctu ingenti maximi meminisse viri non possum. Cui scribam? quo tot labores de Dacia mei? quem imiter? Iam in eo eram, ut rogarem ab eo, si quid inter schedas Cliverianas lateret quod juvare industriam meam posset. Et tu nunc itidem minari de te audes? Utamur hac vita dum licet et allaboremus, ut mors quam paucissima quae abolere posset inveniat.

Quae autem misisti, avide superiori nocte in lecto pellegi. Ut tua omnia ita haec quoque doctrinam, ingenium, solitam

---

[1]) Ueber Opitz' Beziehungen zu Heinsius, vgl. Strehlke's Monographie. Vermuthlich war damals ein Gerücht von H.'s Tod verbreitet.

festivitatem tuam spirant; carmine vero de sanctis spiritibus nihil fieri potest gravius et quod majorem spiret devotionem.

An Threnos Jeremiae et Canticum Salomonis[1]) a me nostris versibus redditum acceperis, ignoro. Iam Panegyricum, si nomen hoc meretur, mitto quod adulta aetate effusum[2]). Speraveram quidem otium quod tanta cum ambitione mihi extollo; verum gravissima heri negotia quorum curam delectare nequeo, sic hactenus animum meum fefellerant, ut vix calamum studiorum quidem causa attigerim. Et ut mortes amicorum creberrimae, ob ea Silesia, de qua scribere non licet, ita alii subinde casus, inter quos conflagrationem aedium paternarum nuperam, lentumque ipsius patris et nescio an lethalem morbum numero, omnem mihi Musarum memoriam fere ex animo eximunt. Deo curae erimus, cui te, frater unice, commendo. At tu scribe, iterumque scribe. Vratisl. 28 d. Febr. 1627.

T. Mart. Opitius.

VIII.[3])

Neisse. 1. Oct. 1627.

Ad Augustum Buchnerum.

S. p. d. Quod ad prolixas tuas eoque nomine multo jucundissimas literas nunc demum respondeo, frater unice, nulla hactenus culpa mea factum est. Tota hac aestate vix ullus dies sine peregrinatiuncula abiit. Tum cum tuae allatae sunt in itinere Warsavico et Borussico cum illustrissimo moecenate meo fui. Inde bellum nos excepit ideoque negotia negotiis juncta sunt. Nunc etiam hoc ipsum temporis momentum suffurari cogor scripturus propediem accuratius, cum Vratislaviam et ad promissam mihi quietem rediero. Simul

---

[1]) Vgl. oben S. 34, A. 4 und 40, A. 4.
[2]) est wol zu ergänzen, fehlt in der Handschrift; gemeint ist vielleicht der „Lobgesang", Goedeke S. 444, Nr. 12.
[3]) Basel, G.ˢ I, 22, vol. 26; fol. 177—179.

et carmina mittam quae aliud agenti exciderant. Effigiem vero meam[1]) quod poscis gratias tibi habeo, postquam in animo gerere me soles quod et haec praesentia mea placere Musis tuis cepit. Iubeo eam paulo post te expectare, ubi copia mihi nobilissimi Germaniae pictoris Strobelii[2]), amici mei optimi, fieri poterit. Heinsii imago non comparet in albo Kirchneri.[3]) nostri quem me in Polonia absente ad plures abiisse scias. Lentus eum morbus abstulit ingenti cum dolore non meo tantum, sed principis Lignicensis et universae patriae. Hujus memoriam ut versibus tuis doctissimis nobiscum celebres etiam atque etiam, mi frater, vide. Merentur hoc beatissimi manes ejus et similem operam nobis quoque mortuis literati viri exhibebunt. Notas tuas in hymnum christiani poetae[4]) avide legi, elegantem praestantissimi patris prolem. Germanica vero poemata tua impense placuerunt: certe ode illa quae in optimi fratris obitum[5]) scripsisti omnes Gratias et Veneres spirat. Torosa praeterea est et nervis suis maxime languentes excitare potest. Si ita et alii pergunt tuaque vestigia sequentur, exterorum diligentiam non morabor, mihi crede. Poemata mea fere sunt vendita[6]) et jam bibliopola[7]) instat, ut et alteram eorum partem colligam. Itaque certiorem me facies, an volentibus Schurerianis[8]) Troadas addere possim. Curae mihi erit, ut forma 8va et nitidioribus chartis in publicum omnia prodeant.

---

[1]) Vgl. unten Nr. X.
[2]) Vgl. unten Nr. X.
[3]) Die Handschrift hat deutlich: Kircheneri. Ueber K. vgl. oben S. 37.
[4]) Damit sind wol Anmerkungen gemeint, die Buchner für seine spätere Ausgabe lateinischer Hymnen verwerthete, vgl. W. Buchner A. 25, S. 94 fg.
[5]) Der Bruder, Paul B., „Sr. Churf. Durchlauchtigkeit zu Sachsen bestellter Ober-Zeugk- und Baumeister", starb 1627, 52 Jahre alt. Ueber das noch erhaltene Gedicht vgl. Wilh. Buchner, S. 52.
[6]) Sie waren 1625 erschienen, s. oben S. 32, A. 4.
[7]) David Müller.
[8]) Zacharias Schürer in Wittenberg hatte 1625 Opitzens Uebersetzung von Seneka's Trojanerinnen verlegt, vgl. Goedeke, S. 444, Nr. 15. In der Sammlung Opitz'scher Gedichte 1629 (Goedeke, S. 444, Nr. 27) findet sich das Stück Bd. II, S. 108—213.

Ex Anhaltina provincia nihil hactenus literarum vidi ab eo tempore quo carmina mea ad celsiss. principem Ludovicum misi. Possum quidem hoc tam obstinatum silentium tempestati bellorum imputare; sed depositam mei memoriam prorsus fuisse miror. Drama in nuptias Torgenses, si hoc factum fuit vidisse te nollem; praeter cantilenas reliqua enim non sint tanti. Dandum hoc erat Sagittario[1]) nostro cujus amor erga me nugas istas extorsit. Argenidis alteram partem priori dissimillimam ob assiduas hic bibliopolae preces vertere coactus sum, quae tamen nondum prostabit[2]). Inanis et inglorius labor est neque quicquam tale posthac a me proficiscetur. Tu ut valeas quidque agas sedulo perscribe. Ego, ut dixi, Vratislaviae aliquandiu permansurus sum et ut semper hoc liceat exopto. A Barthio ante aliquot menses jucundissimas literas accepi qui et minatur visere se ad me et metropolim nostram habitare velle. Si hoc faciet, convictus

---

[1]) Heinr. Schütz. Das Drama in nuptias Torgenses ist das Singspiel Dafne zur Hochzeit des Landgrafen Georg von Hessen und der Herzogin Sophie Eleonore von Sachsen. „Durch H. Schützen musikalisch in den Schawplatz zu bringen; auss mehrentheils eigener erfindung, geschrieben von Martin Opitzen", Breslau o. J. 14 Bll. in 4°. Die Personen dieser Oper sind Ovid als Vorredner, Dafne, Apollo, Venus, Cupido, Hirten und Chor der Hirten und Nymphen. Ob Opitz unter den Cantilenen die zuletztangeführten Chöre oder die von seinem Freunde componirten Gesänge versteht, ist nicht recht klar; das Letztere würde seiner sonstigen Selbstbeurtheilung nicht entsprechen. Dass diese Oper als die erste, nach italienischem Muster in Deutschland, grosse Bedeutung beansprucht, und dass Schütz durch diese und seine anderen Leistungen grossen Ruhm erlangt hat, braucht an dieser Stelle nicht auseinandergesetzt zu werden. Eine erschöpfende Würdigung von Schütz' Leben und Leistungen ist mir nicht bekannt; Einzelnes vgl. bei Fürstenau, Zur Geschichte der Musik und des Theaters am Hofe zu Dresden. Bd. 1. Dresden 1861, S. 96 ff., 236 ff.; Schletterer, Das deutsche Singspiel (Augsburg 1863), S. 65 ff., 186, 332—338; W. Buchner a. a. O., S. 34. Auf den Tod von Sch.'s Frau machte Opitz ein Gedicht, das mit den Worten beginnt:

    O du Orpheus unsrer Zeiten,
    Den Thalia hat gelehrt,
    Dessen Lied auf güldnen Saiten
    Phöbus selbst mit Freuden hört.

[2]) s. oben S. 39, Anm. 6.

ejus longe mihi erit gratissimus. Sed forsan jam sententiam mutavit. Exhilarasti me lectione facetissimae epistolae tuae et ejusmodi terrae opprobria risu optime absolvantur. Vale, vir clarissime, dilectissimum pectus meum et statim responde. Nissae Silesiorum. Cal. Octobres, anno 1628 [1])

M. Opitius.

IX. [2])

Prag. 25. Dec. 1627.

Ad Augustum Buchnerum.

S. p. d. Ultra mensem in hac urbe sumus, frater desideratissime, inter molestas delicias et solitas aularum artes. Ita perit denuo illud tempus quod studiis destinaveram. Sequenti mense Vratislaviam meam rursus, ut spero, intuebor inque ejus sinu [3]) cupidis amplexibus fruar. Recipiat saltem

---

[1]) Muss 1627 heissen, wie aus den folgenden Briefen vom 7. Mai 1628 und der Antwort Buchners 10. Oktober 1627 (Jaski, S. 21—25) hervorgeht. In diesem Briefe antwortet B., dass er mit dem Verleger Schürer (s. oben S. 44, Anmerk. 8) nicht sprechen werde, weil dieser auf die Gedichte, als Opitzens Eigenthum, keinerlei Ansprüche habe; ferner, dass er über die Familie der anhaltischen Fürsten, in Folge der kriegerischen Unruhen, nichts gehört habe; dass er sich freue de Barthio quod ad amicitiae cultum redierit. In Bezug auf die facetissima epistola (s. oben) antwortet er: Probata tibi fuisse ea quae in Glogoviensem asinum lusi, serio gaudeo. Sed inposterum nihil mihi cum ipso erit negotii. Vescatur carduis suis secure, ego nihil turbabo. Nec est in responsione ejus quod me magnopere tangat. Et si esset, melius contemptu vindicaretur. Hippocratis vinclis indiget potius quam responsione: ita ille non desipit, sed insanit. Gemeint ist der Brief an B. Meissner, vgl. oben S. 40, A. 3 und die Schrift Wilhelm Buchners S. 11. Dass gerade Buchner mit Schürer sprechen sollte, ist aus den freundschaftlichen Beziehungen zu erklären, welche zwischen beiden Männern herrschten, und die aus dem Gedichte B.'s zu Sch.'s Hochzeit ersichtlich sind (vgl. Wilhelm Buchner S. 51 ff.); dass er sich für die Troades besonders interessiren musste, geht aus seinem empfehlenden Gedichte über dies Werk hervor (vgl. W. Buchner S. 91, Nr. 19).

[2]) Basel, G.² I, 15 vol. 24; fol. 196.

[3]) Die Handschrift hat sinum.

vires hoc corpusculum quod variis assultibus vacillat nunc et labescit. Tuas domi procul omni dubio offendam; respondisse enim te jam meis prorsus autumo. Caeterum quid hic actum hactenus fuerit, publice notum est. Honoribus, ut privatim multi, ita ego quoque donatus fui. Ius nobilitatis et insignia D. Caesar mihi tribuit iis literis quae non cuivis dari solent. Cum vero decus id nulli sit oneri, libuit sane instar vulgi ineptire. Qui has tibi tradet Georgius Colerus est, consiliarius principis Ligniciensis, charissimus congerro[1]) meus, vir multis quidem literis, ea tamen prudentia et quod rarum est in aula candore praeditus, ut amorem omnium mereatur. Ab eo statum meum, prolixius audies. De tuis rebus suspensum esse me ne sine, hisque mox responde, ut reducem optato adventu excipiant. Deus te tuosque felicibus novi anni auspiciis mactet, mi frater, et minus bene affectum corpus tuum integrae sanitati restituat. Pragae d. nativitat. Christi Stili novi anno 1627

T. F.

M. Opitius.

X.[2])

Breslau. 7. Mai 1628.

Ad Augustum Buchnerum.

S. p. d. Quas superiori mense ad me dedisti, frater suavissime, illae prioris silentii culpam bona fide et omnibus undis eluerunt. De transmissis carminibus gratias ago maximas. Sunt enim, ut tua omnia, ex iis quibus solis admirationem hoc aevo nostro impendere soleo. Ad incita[3]) redacti sumus et

---

[1]) Hier wol schwerlich in dem Sinne: Spielgenosse, Possengefährte, wie bei Plautus, sondern in der Bedeutung: Kriegsgefährte, Kamerad. Ueber Coler vgl. oben S. 27 und unten S. 48, A. 4.

[2]) Basel, G.² I, 15 vol. 24; fol. 197—199. Als Antwort auf diesen Brief sandte B. ein langes Schreiben (B. epistolae I, p. 128—132): 16. Juli 1628, in der angegebenen Sammlung fälschlich 1638 datirt.

[3]) In der Handschrift: incitas.

actum est de literis nisi tu cum paucis sufflamen adhibueris.
Assit tibi incolumitas et hoc culmen tuae mentis vires etiam
corporis sentiat, sine quibus ad meliora fere languemus.
Quae in passionem salvatoris nostri meditatus es, cur supprimis? Cur emendationes tuae in Phaedrum, in Iuvenalis
egregium interpretem et in alios solis lumen non aspiciunt [1])?
Si aut malevolentiam illiteratorum aut contemptum studiorum
vereris et interitum doctrinae, scias tamen tunc maxime gratum esse, cum alta nox est et tenebrae. Certe sacris odis
tuis nihil sublimius est, nihil doctius. A me laudes Martis
nunc accipe seu satyram potius in belli nostri levitatem [2]).
Iudicium de eo tuum quod maximi semper feci, scire aveo.
Libertatem, ut spero, probabis qui in hac servitute publica
quicquid volui scribere ausus sum.

Nunc Jonam Prophetam quem [3]) Grotius latino sermone
fecit, nostris ego versibus reddidi [4]) additis iis notis quae

---

[1]) B. antwortet, dass er super passione Domini nichts habe schreiben
wollen. Auch die übrigen von O. angedeuteten Schriften scheinen nicht
erschienen zu sein.

[2]) B. lobt das Gedicht ungemein, s. oben S. 3 ff.

[3]) Die Handschrift hat deutlich: quod.

[4]) Martin Opitzen | Jonas |, 32 SS. in 4°. A. E.: Gedruckt zum Brieg.
in Verlegung David Müllers in Bresslaw 1628. Schon in der Widmung
an Georg Köhler von Mohrenfeldt (s. oben Nr. IX), Liegnitz'schen
Kammerrath und Rentmeister, sagt er (Bresslau, 3. Heumonat 1628), dass
„Jonas auch unlängst von einem berhümbten Manne Poëtisch im Latein
so wol gegeben worden" und auch in der Schrift wird Grotius oft erwähnt
oder angedeutet. Die Schrift ist unter Opitzens Verdeutschungen der
biblischen Bücher die merkwürdigste. Es ist nämlich eine ohne Berücksichtigung der biblischen Eintheilung (in 4 Capitel) bearbeitete Umschreibung des merkwürdigen Prophetenbüchleins. Für Cap. I, Vers 1 und 2
heisst es folgendermassen:

> Der Höchste, zu der zeit, als Ninos hochvermessen
> Den Himmel und sich selbst gestellet in vergessen,
> Sprach seinen Jonas an, des Amithaons Sohn:
> Auff, auff, du mein prophet, undt mache dich darvon
> Hin in die grosse Stadt, die mawer der Assyrer,
> Wo Tygris schöne fleusst, der schnelle Wasserführer,
> Undt schrey ihr Leben an. Sprich: jhrer sünden last,
> Die lust der üppigkeit, so alle tugendt hasst,

docere etiam eos possunt qui theologiae scientiam profitentur, si hoc dicere de me debeo. Totam enim antiquitatem ecclesiasticam excussi. Jeremiae Threnos et ipsos[1] nunc haberes, sed schedae meae et libri omnes cistis inclusi in cella jacent ob metum conflagrationis, orto pridie tanto apud nos fortuito incendio quod non longe distans a me hujus urbis forum novum et neapolim a reliquo corpore muro divulsam, suburbii item aliquam partem ita pervasit, ut nullis verbis exprimere miserrimam istius diei faciem possim et absque vento ad orientem flante[2]), sola nobis fuga restabat. Praeter castellum aquarum publicis etiam aedificiis parcitum non fuit.

<blockquote>
Ihr wissen und nicht thun, ihr scheuszliches gemüthe,
Dringt meines schmertzlich durch, und reisst mir alle güte
Auss meiner trewen handt. So sage mich hier an,
Dass ich zwar gnädig bin, doch auch gerecht sein kan.
</blockquote>

Doch werden nicht etwa die 32 Seiten der Schrift durch diese poetische Umschreibung angefüllt, sondern nur etwa der dritte Theil derselben, die übrigen werden von Anmerkungen eingenommen. Diese werden schwerlich Theologen belehren, wie Opitz hoffte, weil sie meist unnöthigen antiquarischen Ballast enthalten, entweder historische und geographische Bemerkungen, oder Parallelstellen aus classischen und mittelalterlichen Schriftstellern, oder Erklärungen zu den von Opitz gewählten eigenthümlichen Redewendungen, wie der „schnelle Wasserführer"; „weisse Nimmerwirth", oder Aufzählung der Vergleichungspunkte zwischen Jonas und Jesus. Wie willkürlich Opitz mit dem Text schaltet, geht unter anderm daraus hervor, dass er zu den Worten (I, 5): „und Jeder schrie zu seinem Gotte" einen langen Zusatz macht, in welchem er zuerst einige phönicisch-assyrische Gottheiten aufzählt und dann fortfährt:

<blockquote>
...... Es ist ein grosses flehen
Zum Perseus, dass er sic sein Tarsos lasse sehn,
Sein Tarsos, das also den Namen führen muss,
Dieweil das flügelpferdt im fallen seinen fuss
Allhier hat eingesetzt.
</blockquote>

Doch bleibe es dahingestellt, ob Opitz selbst oder sein Vorbild als Urheber dieser Geschmacklosigkeiten anzusehen ist. Ebensowenig kann aus einer Bemerkung (S. 24): „aus dem Ebreischen wirdt es gegeben: du warffest" entschieden werden, ob Opitz der hebräischen Sprache kundig war.

[1]) Vgl. oben S. 34, A. 4.
[2]) Auf flante folgt in der Handschrift fuisset, was daraus zu erklären, dass Opitz meinte: nisi statt absque geschrieben zu haben. Ueber den Brand habe ich nichts ermitteln können.

Ita pulcherrima Germaniae et fortissima civitas circumdata paulo ante ab hostibus iisque, qui sub amicorum nomine hostes tamen, tantum non aperte, erant, esse aliquid sensit a quo vinci possit fatis ita jubentibus ¹).

Imaginem meam denuo promitto, licet tanti me esse nunquam crediderim. Redibit ex aquis nostris quo conjugem suam comitatus est his diebus celeberrimus pictorum Strobelius amicus ²) et vicinus meus; illius manu, uti promisit, corpusculum hoc meum habebis.

De Grutero nostro quaeso memor sis, ut recte omnia edantur. Venatori nostro, cui ut scribas nisi jam factum est, rogo, cura erit. Postulo item aliquid in Kirchnerum, cujus vitam epistolae instar proximis diebus meditabor ipse.

Diploma caesareum ob equestris ordinis dignitatem mihi concessum cur desideras ³)? Nugae ipsae sunt et de quo manum non verterim nisi assit illud quod me ac te futilibus vulgi curis eximit. Vale suavissimum pectus meum et scito me intra 14 dies responsum tuum certe praestolari. Vratisl. 7 Maji 1628

T.
Martinus Opitius de Boberfeldt.

---

¹) B. trauert zwar über den Brand, tröstet sich aber einigermassen mit dem Gedanken, dass suppeditabit illa res carminis materiam.

²) Ueber Barth. Strobel vgl. die Bemerkungen von A. Schultz in der Ztschr. des Vereins für Geschichte und Alterthum Schlesiens. Bd. VIII, S. 380 ff. Das von Str. gemalte Bild O.'s befand sich früher in der Derschau'schen, dann in der Campe'schen Sammlung. O. hat dem Maler zwei Gedichte gewidmet, eins über Str.'s Kunstbuch (das wahrscheinlich gar nicht erschienen ist) und eins: über Str.'s Abbildung eines Frauenzimmers.

³) B. gibt als Grund seines Verlangens an: Volo toto Opitio frui.

XI.

Breslau. 10. Mai (1628).

Ad Augustum Buchnerum.

S. p. d. Tuae cum publicis cursoribus Viennam ad me adlatae sunt, quo me cum Kirchnero, consiliario nunc imperatoris, contuleram. Et haec absentia mea facit quod tardius ad tuas respondeam. Nobilissimum Hubnerum me amare gaudio mihi est maximo .... [2]).

Inscripsi Dn. Hübnero librum odarum in meis carminibus quae jam bibliopola a me accepit, ut Argentorati aut Francofurti typis mandentur [3]). Ipsa poemata monitu Kirchneri toti domui Anhaltinae dedicabo ob studium quod egregii illi principes ad illustrandas bonas artes adhibent et ob consanguinitatem amicitiamque qua nostris principibus juncti sunt. Faceres rem gratissimam, si ab Hübnero nominum ordinem et honoris vocabula peteres eique propositum meum indicares [4]). Barthio rursum scripsi ejusque responsum expecto. Epigramma ad me tuum elegans est, doctum et grave, ut tua omnia; gra-

---

[1]) Basel, G.² I, 15 vol. 25; fol. 153.

[2]) Die ausgelassenen Worte enthalten den Wunsch, dass H. in dieser freundschaftlichen Gesinnung beharren möchte und die Versicherung, dass O. ihm schreiben würde, wenn er nicht durch den conventus principum et ordinum Silesiae daran gehindert wäre.

[3]) Eine Strassburger Ausgabe ist nicht bekannt; die Frankfurter von 1628 (Goedeke 444, Nr. 14) ist eine blosse Wiederholung der ersten Breslauer; die Widmung an Hübner (in lateinischen Distichen) findet sich aber auch in der Ausgabe Breslau 1629 (I, p. 318 ff.). Sie ist interessant wegen des darin versuchten Nachweises, dass die Dichter an Höfen sich wohl fühlen, ein Nachweis, der besonders auch mit Beziehung auf die zeitgenössischen befreundeten Dichter geführt wird.

[4]) Dieses Vorhaben ist nur zum Theil ausgeführt worden. Statt das Werk dem ganzen anhaltinischen Hause zu widmen, hat Opitz in der Ausgabe (Breslau 1629) nur den ersten Band dem Fürsten Ludwig von Anhalt gewidmet. Diese lange (13 Bll. in 8°), in deutscher Prosa geschriebene Widmung enthält eine Geschichte der Begünstigung der Dichter von Caesar an, mit besonderer Berücksichtigung der Römer, Franzosen, Italiener und Deutschen, mit einer kurzen Belobigung Ludwig's und der Bitte des Dichters um weiteren Schutz.

tias tibi ago maximas, Buchnere eruditissime, teque valere etiam atque etiam jubeo. Vratislaviae 10 d. Maji
Tibi addictissimus
M. Opitius.

XII.[1]

Breslau. 11. Aug. 1628.
Ad Augustum Buchnerum.

S. p. d. Exceperunt me his diebus Bolislavia reducem suavissimae literae tuae[2]), frater desideratissime, ingenti meo cum gaudio. Nihil enim uspiam est quod magis me delectat, quam a te amari. Carmina[3]) etiam addideras docta, nervosa, et, ut omnia dicam, tua. Duobus illis in amitimum[4]) meum epigrammatis brevi suus locus erit. Interea gratias ago quas possum. Laudes Martis tibi placuisse jure gaudeo. Tuo enim judicio nihil esse potest accuratius. Nunc Jonam meum[5]) mitto tuamque de eo sententiam scire aveo. In propheta fere obscuro lepidum moliri difficile fuit. Alia quae poscis proxime expecta. Invitavit me ad nuptias Dominus Belshoferus vester, cui hos versus temere heri effusos tradi per famulum jubebis[6]). De M. Aurelio videbis[7]): acceptus certe erit illustrissimo Moecenati aut parenti potius meo. Quae tu de rebus sanctis soluto sermone et legato meditatus es videre uti publice aveo, ita interim eorum gustum aliquem praestolor.

---

[1]) Basel, G.³ I, 22 vol. 26; fol. 175—176.
[2]) Vom 16. Juli 1628, s. Nr. II.
[3]) Nämlich eine lateinische Ode, ein deutsches Trauergedicht und einige Fabeln.
[4]) So die Handschrift.
[5]) Vgl. Nr. X, S. 48, A. 4.
[6]) Das Gedichtchen (6 Distichen) in nuptias Jo. Ge. Pelshoferi ist abgedruckt in Silv. et epigr. S. 111.
[7]) B. hatte in dem oben S. 47, A. 2 citirten Brief auf eine in einem früheren (in unserer Handschrift nicht enthaltenen) Briefe Opitzens enthaltene Anfrage geantwortet, dass er das verlangte Buch: M. Aurelii commentarii de vita sua, durch Schuld eines Freundes, selbst nicht mehr besitze.

Nihil enim nisi praeclarum gustum et sublime de iis mihi spondeo.

Amori meo calcar quod adhibes idem patronus domesticus, consanguinei et amici hactenus fecerunt: sed ego nescio quomodo his diebus exaruerim, ut vix quicquam hujus caloris amplius apud me restet. Et quamvis puellae suavissimae favor non mediocriter mihi blandiatur, fastus tamen tutorum alienum me prorsus reddidit [1]). Temporum etiam vices timeo et impendens ob religionem exilium, uti suspicari iis ex rebus possum quas cum paucis scio. Tanti autem non est frui uxore, ut perdas sentiendi libertatem. Benigno rerum conservatori omnia committo; viderit ille quid fieri de me velit.

Nusslerus per literas de eleganti lyrico carmine tuo gratias agit teque salutat. Expecto in dies adventum amici suavissimi quique te vehementer amare semper solet. Vult is, ut edi a se permittam poematum meorum latinorum libellos quae a plurimis annis conscripsi. Quod si tuus quoque calculus illi accesserit, refragari diutius non audebo [2]), quamvis

---

[1]) B. hatte ihn nach verschiedenen Ermahnungen aufgefordert: Tu autem totam hanc tui amoris scenam literis proximis uberius nobis explicabis. Auch an Venator muss O. über seine Unlust zu heirathen, geschrieben haben, vgl. dessen Brief 29. November 1629 bei Jaski, S. 29 ff.

[2]) Buchner muss wol zugestimmt haben, denn wenige Jahre später erschien die Ausgabe u. d. T.: M. O. Silvarum libri III, epigrammatum liber unus e Museio B. G. Nüssleri. Francofurti impensis Davidis Müller, a. 1631. 125 SS. 8°. Der Herausgeber hat derselben eine kurze Widmung an Buchner und Bernegger vorausgeschickt, in welcher er Opitz als Schöpfer der deutschen Poesie feiert, seine Ebenbürtigkeit mit den Dichtern aller anderen Nationen laut verkündet und eben um dieses Ruhmes willen die Herausgabe der lateinischen Gedichte für nothwendig erklärt. Die Silvae und Epigrammata enthalten fast ausschliesslich Gelegenheitsgedichte, die bei freudigen oder traurigen Veranlassungen von O. an Freunde und Gönner gerichtet wurden; nur wenige entbehren solcher Veranlassung und sind allgemeineren Inhalts, wie das Gedicht: poetas facile calumnias refutare S. 85 ff. Es zeugt nicht von Nüssler's grosser Bescheidenheit, dass er in diese Sammlung alle zu seinem Lob bestimmten Gedichte 'mit aufgenommen hat. Diese Gedichte sind ein Abschiedsgedicht an Nüssler, als dieser (von Frankfurt?) nach Breslau zurückzog (Silv. lib. II, p. 43—45) und ein sehr langes, Nüssler und Kirchner gewidmetes Gedicht: Hipponax ad Asteriam (Silv. lib. III, p.

nescio quid penes me sit quod ad eam spem quam de germanicis meis carminibus concepistis hic aeque non assurgat.

86—96); ferner drei Lobgedichte auf Nüsslers Schriften, und zwar: de hymno suo germano in Christum (carm. p. 25 ff.) aranei laudes (p. 128 ff.); princeps literatus (p. 109 ff.). Von den Schriften ist mir ausser dem Titel nichts bekannt. Auch deutsche Gedichte hat Opitz dem Nüssler gewidmet. In der Breslauer Ausgabe (1629) steht I, S. 216—220 O.'s Gedicht auf die Hochzeit Nüsslers mit der Jungfrau Justine Gierlach (3 Strophen mit Antistrophe und Epode). O. ruft seine Leier an, die, zwar zunächst der Verherrlichung des Vaterlandes gewidmet, auch dazu bestimmt werden dürfe, die Liebe, freilich die von Wollust freie, die Schöpferin und Erhalterin des All, zu feiern. Seinem Genossen ruft er zu:

> Du Bernhard Wilhelm, den zuvor
> Der dreymal dreyen Schwester Chor
> Mit alle dem, was er gehabt,
> Gantz ohne masse hat begabt.

Zum Schluss gibt er dem Ehepaare eine Prophezeiung, von der ich nicht sagen kann, ob sie in Erfüllung gegangen ist:

> Jupiters Fraw saget zu,
> Aus den sawern — süssen Nöthen
> Einen artigen Poeten.
> Was das liebe Kindelein
> Wird mit halbem Munde machen,
> Was es kürmeln wird und lachen
> Werden lauter Verse sein.

Das Gedicht, das in der Stelle, die den hier mitgetheilten Worten vorangeht, an Deutlichkeit nichts zu wünschen übrig lässt, ist darum besonders interessant, weil Opitz dasselbe in seine Deutsche Poeterey aufgenommen hat; dabei gedenkt er des Nüssler als „meines gelehrtesten Freundes und stattlichen Poeten, es sei in unserer oder lateinischen Sprache". An Nüssler ist ferner das Gedicht (Breslau 1629) I, 270—276: Schmerz und Glück der Liebe, preist Nüssler, dass er verheirathet ist, aber auch er werde seiner Flavia treu bleiben; und I, 343 ff.: Antwort an N., der ihn gerathen, die Flavia zu verlassen: nicht das Dichten allein schaffe wahres Glück und Unsterblichkeit, sondern die Liebe. Ferner hat Opitz dem N. die Ausgabe der Poetischen Wälder 1625 gewidmet (Lign. propr. Cal. Jan. 1624) wegen der Freundschaft a pueris ducta und der gemeinschaftlichen Studien, und ihn als Unterredner bei der „Schäfferey von der Nymphe Hercinie" gebraucht. Nüssler hat dem O.'schen Zlatna einige Distichen vorangeschickt. Ausser dieser Stelle ist in unsern Briefen oben Nr. II, und unten Nr. XIII zu vergleichen. Einzelnes andere von Hoffmann von Fallersleben in Weimarer Jahrb. IV, S. 147—150, wo zwei deutsche Gedichte Nüsslers mitgetheilt sind.

Et tuum me exemplum quoque absterret qui tam paucis tuis scriptis frui oculos hominum passus es hucusque. Sed 9. hora jam instat, qua cursor publicus abire hinc solet. Itaque plura proxime scribam. Vale, mortalium charissime. E Museo 3. eid. Sextiles, anno 1628.

Tuus totus
M. Opitius.

XIII.[1]

Breslau. 6. Oct. 1628.

Ad Augustum Buchnerum.

Et comitiorum nostrorum turbae et mercatorum festinationes nunc quidem satis prolixas scribere me non sinunt, frater charissime. Scito tamen, me, si non ex animi sententia, ita saltem vivere, ut inter has calamitates queri nimium jure non possim. Nam dubiae satis res quae molles animos facile dejiciunt, ita me circumstant, ut petere videantur hoc latus non ferire; nihil certe mihi posthac eveniet quod non diu ante cogitaverim. Tartarum Hungaricum apud plures oenopolas, qui vinum illud hic magna copia vendunt, frustra quaesivi et solicitus etiam nobiscum fuit cl. Conradus[2] noster, poeta et medicus notae non vulgaris, a quo plurimum salutaris. Non cessabo, donec tibi brevi satisfaciam.

Imaginem meam tardius forte videbis (quanquam et illam quoque) quam me ipsum. Cum ipsis enim veris initiis, si Deo immortali ita visum, occasione itineris Gallici, certe te videbo. Prorsus enim aestatem sequentem Lutetiae haerere ibique curas ob sinistra patriae fata concoquere decrevi[3]. Interea nunc cum his poemata mea[4] bibliopolam mittere ad te jussi,

---

[1] Basel, G.² I, 18 vol. 28; fol. 163.

[2] Caspar Conrad, wol der Vater, oben S. 25; über den Sohn s. unten Nr. XIV.

[3] Leider ist über den Pariser Aufenthalt, über den neue Aufschlüsse von grösstem Interesse wären, in unsern Briefen nichts enthalten.

[4] Die Ausgabe Fft. 1628.

saepiusque literas etiam dabo cum deinde locorum intervalla officium hoc scribendi sufflaminare possint. Itaque brevioribus his ignosces. Vale, caput suavissimum. Vratislaviae ad latus amplissimi. Nüssleri nostri cui hoc pro salute tua offero¹). 6 d. octobr., anno 1628

T. ex animo
M. Opitius.

XIV. ²)

Breslau.   27. April 1629.

Ad Augustum Buchnerum.

S. p. d. Prid. Cal. Apr. literas³) ad te dedi, frater suavissime, quibus et additae erant quas Nusslerus noster perscripserat ob res principis⁴) sui huc missus. Hucusque hodie meas exaraveram, cum acceptissimae tuae in ipso puncto temporis ad me offerrebantur. Nusslero tuo statim tradidi et tua elegantissima carmina⁵) legimus. Crede mihi, frater, πρὸς τὸ ἀκριβές et prorsus ad meum gustum germanicam poesim adornas. Pergas, ego lampada licenter tibi tradam.

Caeterum narro tibi, Schutzius⁶) vester Venetiis his diebus ad me scripsit se paulo post ad vos reversurum. Eo tempore Dresdae ob res parentis mei religionis causa quasi exulis, licet plurima praeter omnium expectationem illi impetraverim, certe ero, nisi major vis obstiterit. Hic te videbo⁷) totumque Opitium exhibebo tibi, non illum squallentem, non

---

¹) Wirklich hat dieser darunter geschrieben Suo Aug. Buchnero sal. pl. d. Bernhardus Guilielmus Nusslerus, ad latus Opitii scribebat.

²) Basel, G.² I, 15 vol. 24; fol. 200 und 201.

³) Dieser Brief vom 30. März ist in unserer Handschrift nicht enthalten.

⁴) Des Fürsten von Liegnitz.

⁵) Es ist nicht ersichtlich, welche Gedichte gemeint sind.

⁶) Ueber den Musiker Schütz, oben Nr. VIII, S. 45, A. 1.

⁷) Am 15. Juli 1629 antwortet Buchner, dass er nicht mit Gewissheit angeben könne, ob er zur bestimmten Zeit in Dresden sein würde. Buchneri epistolae, Dresden 1680, tom. I, p. 10.

curis obsessum, sed prorsus tuum. Heri Casparis Conradi filio Christiano Conrado[1]) N. jussu lauream imposui ea cum solemnitate de qua reliqui diu antehac non cogitarunt. Redieram ab itinere et a nuptiarum simul compotationibus, fretus tamen ingeniolo effudi magna quoque et munita quae doctis et Bergio quidem maximopere placuerunt. Illa auditorum attentio, ille strepitus ex orchestra, veterem enim ritum et loci splendor et Troili humanitas cepit, ita me animarunt, ut suprema et infima miscuerim, stans in suggestu D. Imperatoris alicujus, sive Octavium, sive Trajanum velis, more.

Si Colerus ad te venerit, Grotianas[2]) accipies, postquam enim cor hoc ipsum habes, ferum est reliqua negare. Et scias te familiam inter eos ducere quoquot pro veris amicis habeo. Certe nulla hora sine te mihi perit. Vale, frater unice et optime; peto ignosce; hos enim non Musa ulla, sed Bacchus dictavit. Vale iterum. Vratislav. ex Museo sub seram noctem. 5 Cal. Maji 1629.

T. ex animo
M. Opitius.

XV.[3])

Breslau. 31. Dec. (1629).

Ad Augustum Buchnerum.

S. p. d. Desideratissime frater, si mihi alicujus noxae conscius essem, silentium hoc tuum paulo aequius ferrem. Poemata[4]) te mea certe una cum meis accepisse autumo.

---

[1]) Vgl. oben S. 55, A. 2 und S. 27. Auf das Ereigniss machte Opitz ein Gedicht ad Nicolaum Troilum a Lessot, Silvae lib. III, p. 66 ff.

[2]) Gemeint ist die Uebersetzung von Grotius de capta rupella, s. oben S. 14. Buchner bedankt sich für dieselben erst am 3. Juli 1631, epistolae I, p. 22.

[3]) Basel, G.* I, 15 vol. 25; fol. 153.

[4]) Die oben S. 55, A. 4 genannte Ausgabe? oder die ed. Breslau 1629; zu dieser ist freilich kein Geleitbrief erhalten.

Nunc audaciam meam vide qui clarissimum nomen tuum meis schedis adjicere ausus fui. Velis nolis personam hanc exuere jam non potes. Ab altero dialogista nostro Nusslero plurimum salutaris¹). At tu curam meam statim expedies, aut enim minus recte vales aut minus me amas. Res est solliciti plena timoris amor.

Circa finem Februarii hinc abire statui, visurus te si hoc occasio tua feret Cothenii. Haec enim Lipsia Hamburgum versus itineris ratio est. Ob militum grassationes per Batavos Lutetiam tendere cogor²). Tu mihi justum iter apprecare.

Adolescentem cui has dedi, si qua in re ope consilio et commendatione tua juvare potes, vel mei causa ut id facias peto. Plura statim; nunc equus ad fores est qui me Glacium vehat. Vratislaviae pr. Cal. Jan. quem ego novum annum tibi tuisque faustum et felicem exopto

Tuus ex animo
Martinus Opitius.

XVI.³)

Breslau. 1. Sept. (1630?).

Ad Augustum Buchnerum.

S. p. d. Melius cum sanitate tua actum hactenus fuisse sane gaudeo, frater charissime. De medicina ex metallo Pannonico ad proximas nundinas videro et spero me industria Caspari Cunradi consulere tibi posse⁴). Ut nobis et noster honos convenit omittamus non quidem palam furentem, eum tamen qui sic satis ostendit pristini furoris aliquas penes se adhuc

---

¹) Nymphe Hercinia? s. oben S. 54, Anm.
²) Vgl. oben Nr. XIII, S. 55, A. 3.
³) Basel, G.² I, 22 vol. 27; fol. 166.
⁴) Mit Rücksicht auf diese Stelle hätte ich den Brief ins J. 1628 gesetzt, in dem Buchner krank war (s. oben Nr. XIII), aber die Erwähnung der von Nüssler vorbereiteten Carmina macht 1630 (oder 1629) nothwendig.

haerere reliquias. Sit sane eruditissimus, magno doctrinae ornamento caret modestia¹). Hymnos tuos avidissime expecto: mea poematia Nusslerus bibliopolis jam destinavit. Nunc has nugas habe a me fere extortas. Proxime plura, nunc manum injicit iter minutum et sic tamen ingratissimum. Vratislaviae, Cal. Septembr.

T. ex animo
M. Opitius.

XVII.²).

Breslau. 4. Jan. (1631).

Ad Augustum Buchnerum.

S. p. d. Desideratissime frater. Injuriam tibi omnibus modis facio qui ad suavissimas tuas³) responsum tamdiu distuli. Sed tu et absentiae partim ab hac urbe meae et negotiorum excusationi hoc dabis per quae ad officium scribendi pariter et studia literarum pervenire rarius possum. Crebrioribus tamen hanc deinde noxam eluere tibique modis satisfacere omnibus studebo.

Quas vero Grotii literas⁴) et quae alia petis brevi transmittam et ipsa cum in hac scribendi festinatione nunc non ad manus sint. Oden his diebus fortuito studio effusam interea accipe nec tua lectione, immo nec meo ingeniolo dignam; meum tamen fuit, Maecenati optimo satisfacere. Gochlii catalogum⁵) summo amicorum Barthio misi a quo facile impetrabis. Prolixas ille ad me nuper dedit et amoris affectu plenissimas. Caeterum quantum suffurari temporis ex aula licet, libris de veritate religionis christianae impendo quos typis editos nundinae.

---

¹) Ich kann nicht sagen, auf wen sich dieser Ausfall bezieht.
²) Basel, G.ᵃ I, 15 vol. 25; fol. 154 und 55.
³) 3. Nov. 1630 Epistolae Buchneri, p. 15—17.
⁴) B. hatte verlangt: Grotii literas quas super quibusdam Tertulliani locis nescio an ad Rigaltium an ad Salmasium dedit.
⁵) (librorum) illorum quos ex ipsa Arabia usque asportavit G.. Buchner l. c.

vobis vernae ut spero exhibebunt¹). Sed et Aeneas Gazaeus prostabit²), nisi fallunt mercatores. De Poematis meis tibi et Berneggero per Nusslerum³) dicatis perscripsit Schleichius⁴) ea ad operis typographicis jam absoluta esse. Tu ex vicinia quaeres, cum ille Lipsiae moretur ut puto. Haec sunt quae nunc occurrunt, nam de publicis nihil aliud est quam quod strenue indies pereamus. Si calculum recte ponimus patriae amantes illos qui nostrates sunt pejus timemus ipso hoste. Est tamen Deus quem ut faustum tibi tuisque hunc esse annum jubeat ex animo precamur. Vale meum et literarum columen ac decus. Vratisl. a. d. 4 M. Jan.

Tuus, mi frater, totus
Martinus Opitius.

XVIII.⁵)

Breslau. (Febr. 1631.)

Ad Augustum Buchnerum.

S. p. d. Qui silentio meo merito succensere potes, fidissime amicorum, idem de statu hoc meo si propius illum nosses, ita forte judicares, male me per ingratissimas curas a Musis divelli. Spem tamen omnium optimus patronus meus mihi facit propediem fore ut tranquillius illis indulgere studiis possim sine quibus nihil mihi satis jucundum est. Et fidem illi majorem propterea adhibere me posse autumo, quod Sueco aliis rebus intento⁶) ut videtur curae belli remissius nos distenturae videantur. Quicquid hujus est vel acceptissima

---

¹) s. unten S. 61, Anm. 3.
²) s. unten S. 63, Anm. 1.
³) Vgl. über Nüssler und die von diesem veranstaltete Ausgabe der Poemata, oben S. 53, A. 2.
⁴) Buchdrucker, vgl. unten S. 61, A. 3.
⁵) Basel, G.² I, 18 vol. 29; fol. 112, 113.
⁶) Gustav Adolf hatte nach den ersten glänzenden Erfolgen sich mit einem langsamen Vorrücken in Norddeutschland begnügen müssen, ohne entscheidende Unternehmungen zu wagen.

tua memoria solatio mihi est maximo: neque enim dies ulla elabitur, quin humanitas tua et amor erga me eximius ac quicquid dicere nequeo his oculis ac menti occurrat. Id saltem male me habet tantum otii concessum mihi hactenus fuisse nunquam, ut ea saltem ex studiis conquirerem quae te aut flagitasse aut flagitare posse existimo. Sed neque ad manus est quod reponam loco gravissimi jambi tui in quo pietatemne tuam prius an aptissimum huic argumento sermonis genus laudem ignorem. Epigramma tamen unum habes[1]), ita tua lectione indignum, ut merito suo post omnium fere quotquot hic sunt Theologorum, si diis placet, carmina in locum sese dignum rejectum sit. Grotii libri Bregae eduntur[2]) quod brevi ad te transmissurum me spero[3]). De poëmatis Schleichius fefellit quae vernis nundinis praestolamur. At tu, ubi valeas, quid agas et quae rerum tuarum conditio sit perscribes. Sed et de publicis rebus aliquid ut addas precamur, praesertim de vicinia siquid nosti. Deus opt. max. per hanc societatem procerum evangelicorum[4]) pacem nobis reddat ac securam conscientiae quietem. Vale dulcissimum caput. Vratislaviae

T. T.

M. Opitius.

---

[1]) Hier in dem Sinne: Du erhältst ein Epigramm von mir. Gemeint ist das Epigr. ad Augustum Buchnerum cum sacros veterum hymnos recenseret suosque editioni destinaret in den Silvae p. 105.

[2]) Ueber diesen Druck handelt Coler in der Jaski'schen Sammlung Nr. XXIV, p. 81 ff. 1. März 1631.

[3]) Die Uebersendung geschah wirklich bald darauf, denn am 3. Juli 1631 (Buchneri epistolae I, p. 22 ff.) bedankt sich B. für dieselben und lobt sie sehr, während er, fast wörtlich mit Opitz übereinstimmend fortfährt: De tuis latinis poematis nos omnes insigniter fefellit Schleigius.

[4]) Der Leipziger Convent, Februar 1631.

XIX.[1]

(Breslau?)   15. Aug. (1631).

Ad Augustum Buchnerum.

Publicam te silentii tui habere causam, frater desideratissime, existimabam ob insignem hanc rerum conversionem quae libera quidem amicorum colloquia dirimere potest, non ipsos, eos praesertim qui tam arcto inter se vinculo juncti sunt, ut amorem suum legibus astringi non patiantur. Nunc tuas benevolentiae et rerum bonarum plenissimas accepi, ad quas donec plura cum proximo nuntio possim, haec pauca interim repono. Scito vero me satis sic ex sententia vivere et neque de valetudine neque de iis rebus queri posse quae, ubi valetudinem comitantur, aliqua felicitatis pars esse vulgo videntur. Libris aut pro meo desiderio aut pro expectatione tua vacare vix possum cum me patroni mei, cui quidvis debeo, negotia totum fere sibi vindicent. Itaque quamvis aliquid nonnumquam coner, invitis tamen illud Musis succedit. Et tu argumentum capies ex his versibus, diebus superioribus in amicorum gratium conscriptis[2]).

Latinas nostras silvas[3]), a Nusslero nostro tibi dicatas, nondum te cum proximas exaraveras vidisse miror. Bibliopolas enim vestrates plurima Lipsiae exemplaria coëmisse scio. Erat enim muneris nostri tibi libellos ipsos ex more transmittere; sed Nusslerum negotia sua, me conscius nugarum tuo aspectu indignarum animus officii negligentes hactenus reddiderunt. Ad Grotii librum[4]) siquid notaveris et auctori

---

[1]) Basel, G.² I, 22 vol. 27; fol. 167, 168. Dieser Brief ist O.'s Antwort auf den oben S. 61, A. 3 citirten Brief B.'s.
[2]) Diese Verse liegen nicht bei.
[3]) s. oben Nr. XII, S. 53, A. 2.
[4]) Von der Warheit der christlichen Religion, Goedeke S. 445, Nr. 28. Es ist ein ziemlich ausführliches Werk, das Opitz hier übersetzt hat, in der mir vorliegenden Ausgabe 9 Bll. und 159 SS. in 4°. In einem Nachwort gibt der Uebersetzer dasselbe Versprechen wie in dem Briefe: „künfftiger zeit eine solche erklerung darbey zue setzen, dass man an der meinung weiter nicht werde zweiffeln dürffen", doch scheint er es nicht gehalten zu haben. In demselben Nachwort entschuldigt er sich auch,

et mihi et reipublicae literariae rem feceris gratissimam. Et ego quidem editionem secundam measque quas moliri potero notas non mediocriter animadversionibus tuis doctissimis exornare possem. Aenaeam Gazaeum¹) nundinis proximis Argentorato adfuturum confido. De somnio Augusti²) quae narras mira sunt neque obsona illis quae Caesari acciderunt Rubiconem transituro.

Nunc omnium animi in vestrum principem conversi sunt, cujus consilia reliqui protestantium hauddubie sequentur. Interim nimia mora hoc agitur, ut nonnulli per irruptiones inspiratas in leges Imperatoris jurare cogantur quas se exuturos prorsus cogitaverant. A nostratibus aliquot Cosavorum et Croatorum millia expectantur quarum gentium ira plus

---

„dass er seine eigene gesetze, welche er in vorigen schrifften in acht genommen, umb etwas überschritten habe". Die sehr lange Widmung an Hauptmann und Rathmänner der Stadt Breslau (undatirt) enthält eine lange Abhandlung über den Glauben an Gott und über Abgötterei, ferner eine Schilderung der Stadt Breslau und endlich eine Bemerkung über die damalige Zeit, welche mir der Mittheilung werth scheint: „Undt haben sich nicht auch heutiges tages leute blicken lassen, von denen die aufferstehung der todten auff ja undt nein in öffentlichen schulen ist gestellt worden? Welches dann eben diss ist, als wann sie noch ungewiss weren, ob ein Gott sey, weil der, so keiner aufferstehung gewertig ist, für Gott sich wenig zue fürchten hatt. Der sitten undt des wandels in allen ständen, sonderlich an vielen Höfen zue geschweigen: da nicht allein das schlechte gewissen in fortstellung der anschläge, sondern auch die verübung der zauberey und unchristlicher künste die sicherheit des lebens, ja auch die reden selbst offtmals zue erkennen geben, dass der name Christlich einig undt das wort religion darumb behalten werde, weil unter dieser decke dasjenige, was der zuestandt des gemeinen wesens vermeinentlich erfordert, leichtlicher verdeckt und bemäntelt wirdt. Dass also dergleichen schrifften als diese ist, allen leuten in jhrer sprache zue durchlesen undt auss zue studiren billich gegeben werden.

¹) Aeneas Gazacus ist ein platonischer Philosoph des 5. Jahhunderts, der später zum Christenthum übertrat; von seinem Werke Theophrastus erschien Leipzig 1655 eine Ausgabe von dem oben S. 45 und 51 genannten Caspar Barth. Auch Grotius schreibt (an Opitz 1. März 1631, Jaski'sche Sammlung S. 78) Gazaeum cum eruditissima versione avide expectabimus. Vgl. auch oben Nr. XVI.

²) Gemeint ist Gustav Adolf, dessen Name aus Furcht ebenso wie von B. verschwiegen wird. Vgl. übrigens auch Barthold S. 198, A. *.

tamen armentis ac segetibus timenda est quam hominibus et instructis aciebus.

Quod si aliquid auribus tuis dignum hic acciderit, faciam ut illud accurate scias. Sed et ex te discam quid a vobis aut timendum sit aut sperandum. Utinam vero tam pertinax utrimque armorum expeditio eam nobis pacem conciliet quae domi forisque ac animabus et corporibus nostris quietem praestet. Haec sunt quae festinanti occurrunt. Effigiem meam coloribus veris inductam [1]) brevi mittam una cum Grotianis rebus quas diu tibi debeo. Vale, fidissime frater et tuo amore constanter me ama. ad d. 15. Augusti

T. T.

M. Opitius.

XX. [2])

Breslau. 26. März 1632.

Ad Augustum Buchnerum.

S. p. d. Quas Bezoldo [3]) cuidam tradidisse te affirmas nullas vidi, frater conjunctissime; meae quoque posteriores superiore autumno [4]) an redditae tibi fuerint ignoro. Interea et suspiciones partium et viarum incertitudo et absentia aliquandiu ex hac urbe mea [5]) ingrato nos silentio involverunt. Potuit et pestis te morari, cujus metu te tuosque liberatos esse omnino gaudeo. Sed et pristino muneri tuo oratoris dignitatem ac stipendium accessisse tibi et reipublicae literariae gratulor [6]). Nunquam enim aliquid boni in te conferetur, ut

---

[1]) Vgl. oben Nr. X, S. 50, A. 2.
[2]) Basel, G.² I, 15 vol. 24; fol. 202.
[3]) Mir sonst nicht bekannt; Buchner schreibt am 27. Febr. 1632 (Epist. B. I, p. 29 sq.), worauf unser Brief die Antwort ist: Auctumno proximo per Eliam Besoldum ad te dedi literas.
[4]) Vom 15. Aug. 1631, Nr. XIX.
[5]) Wohin diese Reise gerichtet war, ist nicht bekannt.
[6]) B. war Professor der Beredsamkeit geworden. — Auf B.'s dringende Bitte, irgend ein Bild O.'s zu erhalten, wenn es auch nicht von Strobel gemalt sei, ging O. in seiner Antwort nicht ein.

non et ipsa simul praesens commodum perceptum sit. Nostrum est tranquillum tibi otium pareisque animo corporis vires a Deo precibus omnibus exposcere.

Dissertatio de me est¹),. recentior et cum versione latina Vererii, ut puto, cujusdam prodiit Genevae apud Jo. Tornaesium Anno 1623, eodemque anno ac forma 8⁰ et Hermogeres ibidem. Theonis autem et Aphtbonii progymnasmata ex recensione Heinsiana vidisse te autumo.

Publica non tango, cum et tu de iis parcius. Dolendum est sane partes hasce non sanguinem ac vulnera modo, sed flammas ipsas et extremam crudelitatem spirare. At nos calidis ad Deum suspiriis talia deprecabimur et mutuo amoris igne semper incalescemus. Vale, mi frater, et quam celerrime perscribe. Tuas si Lipsiam ad Rhefeldium bibliopolam destinabis qui eas Mullero commendet singulis omnino mensibus bis hoc suavi literarum commercio fruemur. Iterum vale, nostrum et Musarum decus. Vrat. 26. Mart. 1632.

T. F.

M. Opitius.

XXI.²)

(Liegnitz.)   7. Mai 1636.

Ad Augustum Buchnerum.

S. p. d., vir clarissime, frater unice. Ab Octobri mense³) nullas a te vidi, ipse quoque nusquam consistens praeter desultorium hoc aetatis meae genus quod excusationis instar de silentio meo adferam nihil habeo. Caeterum ut de rebus aliis

---

¹) So Hdschr. Der Abschreiber hat ein grosses Stück ausgelassen, das sich in der zweiten Basler Handschrift (vgl. oben S. 1) findet. Ich werde es beim Abdruck dieser anderen Opitz'schen Briefe (im Archiv für Literaturgeschichte) nachtragen.

²) Basel, G.² I, 17, vol. 51; fol. 144, 145.

³) Dieser Brief Buchners ist nicht erhalten. Zwischen unserm und dem vorigen Briefe ist leider eine Lücke von vier Jahren, die um so bedauerlicher ist, je ereignissreicher diese Jahre für O.'s Leben waren.

flectere verba nec ad veritatem audeo nec ad misericordiam possum, ita tuam tamen vicem impatienter doleo qui eo loci vivis, ubi hostium ac suppetiarum idem onus, idem periculum est. Sed et de poste nobis narrant magna per se calamitati: nunc vero majori quod fugae bonum inter has armorum tempestates vix liberum, vix tutum est. Erigat te clementissimus rerum parens, in quo tu omne praesidium tuum tanta cum pietate jure ac merito semper reposuisti. Mecum quid futurum sit ignoro qui patria per bellam hanc et egregiam pacem[1]) extorris apud celsissimum principem Brigensem hic haereo. Est quidem et spes de Vladislai optimi regis[2]) erga me insigni munificentia et jam audio tale quid agitari in Lithavia, sed nescio quomodo per consuetudinem superiorum annorum quietis taedio afficiar, adeo ut fere cogitem eo, unde jussu ordinum quorum autoritas omnis cum libertate patriae per conditiones Pirnenses[3]) sublata est discesseram. Quicquid hujus erit accurate ad te perscribam ubi decrevero. Tu me quoque ut de publico tuoque statu certiorem facias, multum te oro[4]). Hic novi nihil: conjugium tamen Regicum Bohemiae regis filia destinatum est, frustra ringentibus domesticis aemulis ac externis. Ubi decus saeculi nostri, nobilissimus noster Barthius, versetur, scire admodum velim; Deus nobis servet inter hos fluctus hoc rarum suum depositum. Nusslerus noster te salutat, qui Brega heri ad nos venit eo statim rediturus. Grotius Lutetiae adhuc vivit nomine Regni Suecici. Ejus mari libero mare clausum opposuit Seldenus. Audio respondendi munus a Batavis Cunaeo impositum esse[5]). Grotii filius Cornelius apud

[1]) Der Friede zu Prag 30. Mai '1635 zwischen Sachsen und dem Kaiser, welcher die Duldung des Protestantismus in den österreichischen Ländern der Willkür des Kaisers überlassen und daher Opitz die Entfernung aus Breslau angerathen hatte.

[2]) Wladislaw IV. König von Polen.

[3]) Die Verabredungen zu Pirna 24. Nov. 1634, welche dem Prager Frieden vorangegangen waren.

[4]) In der Handschrift steht fehlerhaft: amo.

[5]) Nach Buchneri epistolae I, p. 97 hat Isaac Pontanus in seinen Discussiones historicae der Schrift Selden's geantwortet.

illustrissimum Oxenstiernum tempus extrahit¹). Vale, desiderium nostrum et si lubet aut licet scribe. Nisi huc via tuis est Vratislaviam ad haeredes Mullerianos²), eas recte mittes. Iterum vale: Non. Majis. Stil. Greg. 1636.

M. Opitius.

XXII. ³)

Danzig. 24. Juni 1637.

Ad Augustum Buchnerum.

S. d. Magno me beneficio tuis affecisti, frater conjunctissime, quas hodie Mylius tuus et jam tuo monitu, tuo merito, meus, mihi reddidit⁴). Ita enim omnino hactenus de te sollicitus fui inter calamitosum urbis vestrae statum, ut et dolor pro patria mea hoc altero plurimum auxerit et quies haec quantulacunque et otium memoria tui turbas perpessa sit plurimas. Dei benignitas est quae te inter fluctus tam atroces servavit quae inter damna bonorum ingenii tibi vires, quibus omnes alios supergressus eras, adeo auxit, ut indicibus suavissimis anapaestis tuis quale carmen vix quisquam hoc aevo mortalium scripserit, nunc te ipsum quoque superare videaris. Collocet porro quoque idem divinum numen in solidum res fortunasque tuas et digna hac pietate hoc candore niveo sorte florentem te nobis ac labantibus literarum studiis diu diuque praestet. Ego perieram nisi perissem, nunc in

---

¹) Ad Cornelium Grotium Hugonis fratrem hat Opitz ein langes Gedicht gemacht (Silvae lib. I, p. 18—24), das wegen des darunter stehenden Datums: Lutetiae, pr. non. Quinctil. 1630 wichtig ist.

²) David Müller war gestorben, vgl. oben S. 29.

³) Basel, G.² I, 17, vol. 31; fol. 148—150.

⁴) Georgius Myllius war von B. als admirator maximus ingenii tui non tantum, sed et imitator non infelix dringend empfohlen worden. 11. Juni 1637, Buchneri epistolae I, p 81 ff. Den Inhalt unseres Briefes gibt Buchner kurz an (daher Strehlke S. 63) in einem Schreiben an Heinr. v. Friesen, 22. August 1637 (Epist. Buchn. I, p. 101 ff.); eine Antwort auf denselben scheint nicht erhalten zu sein.

augustissimi Poloniae regis clementiam incidi qui me et historiographi numere ornavit et stipendio annuo unde absque curis minutioribus vivere ac libellis vacare queam sublevavit. Diploma ipsum regni quod rarum alias, majore sigillo munitum superioribus comitiis Varsaviensibus accepi: mandatum de salario ad senatum Gedanensem, ne ex aula vel aliunde cum molestia quadam illud dehinc mihi petendum sit indies expecto et jam illud perscriptum esse legatus Caesaris ex regia hodernis mihi suis indicat. Valeant itaque sollicitationes istae quibus amici magni mei pertrahere me ad belli negotia largissimis promissis hactenus conantur. Non referet hanc navem in mare nova tempestas et fortiter portum occupare animus est.

Sed et quod mireris [1]): ille ego caelebs hucusque et nullius addictus jurare in verba magistrae puellam amare coepi, lepidum spinturnicium, loquax, fuscum et nescio cujus amoenitatis; ita jam caecutire ad hos radios incipiunt oculi hi antea vulturnini. Probam esse et famae credo et aetati: decimum enim quartum annum parte vix diuidia jam accessit; ut pater ejus esse possim qui nondum sim maritus. Quod si dotes Musarum aestimare noverit casta haec Cynthia, poëtarum nomen contra ineptias grammaticorum quorundam vindicabo qui nobis illud a fingendo impositum autumant. Quin hóc littus [2]) tam foecundum est harum frugum ut ver muscarum cum caletur maxime.

De studiis si quaeris, psalmos sacros [3]) jam edendos bibliopolae dedi non ad faciem paucorum quos ante vidisti sed ad consuetos unumquemque modos suos qui apud nos vulgo cantantur. Quot interpretes evolverim, qua cura hoc egerim, quam sollicite suspiciones omnia rimantium effugere conatus sim, norunt amici et tu pro inimitabili acrimonia judicii senties. Scio me eo temperamento usum, ut nemo theologorum ansam me reprehendendi nisi qua parte humana omnes pati-

---

[1]) s. oben S. 10 fg.
[2]) Hier ist ein Wort nicht zu lesen.
[3]) Die Psalmen Davids, vgl: Goedeke S. 446, Nr. 53.

mur, vere habiturus sit; epigrammate tuo si commendabitur haec industria mea, etiam gratior erit lectoribus et nitorem recipiet majorem a laudatore. Non est quod virgulam censoriam metuas inde unde divinam orationem tuam quam supprimere tamen non potuerunt hi male prudentes publico dare prohibearis. Gratulationem pro Regiis nuptiis[1]) quae ad d. 6. Sept. st. n. instituentur nisi bellum Turcicum ingruet, brevi videbis. Vale, charissimum pectus et festinationi ignosce. Gedani ad d. 24. Junii anno 1637.

Opitius.

Turca superato Danubio magnis conatibus Daco et per illius latus Sarmatis bellum intentat. Iam rex noster 24 tormenta militaria in Podoliam praemisit et metuendum est ne Christiani hostem accipiamus non expectatum. De generosissimo Barthio nostro valde hactenus fui sollicitus, audio tamen et gaudeo[2]) ipsum quoque inter haec pericula adhuc salvum esse. Si hoc autem scribendi occasio aut animus erga me olim benignus quem neque tempus neque intervallum locorum mutasse spero permittit meo virum incomparabilem nomine ut salutes vehementer rogo. Iterum vale.

XXIII.[3])

Breslau. 3. Juni 1638.

Ad Augustum Hubnerum (?)

S. p. d. Ex quo a vobis digressus sum, frater desideratissime, nullos equidem ad te dedi fateor quod principes patriae ac ordines vestros in oras revertendum mihi esse multoties judicaverunt. Et erat his diebus idem illis animus, nisi me expectatio sive pacis sive belli suspensum redderet et

---

[1]) Felicitati Augustae etc., vgl. Goedeke S. 445, Nr. 50.
[2]) Die Handschrift hat deutlich: gaudio.
[3]) Basel, G.² I, 17, vol. 31; fol. 152, 153. Datum und Adressat des fes sind mir, trotz der genauen Angabe der Handschrift, sehr zweifelhaft.

intentum in singula esse juberet. Si enim bella illa tranquillitas quam vestratium nonnulli tanto conatu moliuntur succedat mihi et bonis omnibus sedes alienae quaerendae erunt, ni patriam perire nobiscum videamus et in eam incidamus calamitatem quam equidem meriti non sumus. Deus sereniora et princeps vester potentissimus; cui displicere multa jam circa pacificationis hoc negocium ceperunt. Interea tamen tot copiae feriuntur et quia eadem Luneburgicum, Hassum, Bannerum et alios necessitas involvit adeo ut metu vestrorum armorum, si Caesareanis jungantur, progredi ulterius nec possint nec reverentia serenissimi electonis Saxonici velint, pulcherrima rei gerendae occasio elabitur; hostibus interea pro libitu palantibus et tot urbes Protestantium et regiones capientibus.

Caeterum de te nihil hactenus cum audiverim scire nunc equidem ocius cupiam an satis salva adhuc tecum omnia? Mihi adeo male non fuit, publica si excipias, de quibus satis jam questus sum. Fecerunt tamen negotia patriae, ut vacare studiis non potuerim quorum desiderio me flagrare minime ignoras. Et haec rerum facies ne nunc quidem animum applicare me illis sinit curis justissimis distractum. A Nusslero nostro etiam atque etiam salutaris qui hucusque nobiscum semper vixit nomine principis sui meique quem Borussia habet. Poloniae regis nuptiae cum filia Friderici satis certae sunt: licet hoc nonnullos male urat. Vale, vir clarissime et me ama. Vratislaviae Anno 1638, 3.non. Jun. stilo recentiore

T. ex animo

M. Opitius.

XXIV.[1]

Danzig. 5. Febr. 1639.

Ad Augustum Buchnerum.

S. p. d. Frater desideratissime, e Regiomonte ad tuas cum bibliopola a quo reddebantur et ex hac urbe postea rescripsi. Mutasse te quicquam, ut non autumo, ita bene tibi esse quantum cum temporis tum patriae tuae status permittit ex Schuzii[2]) amici communis literis nudius quartus didici. Quare tu rumpes ingratum silentium et me alloquio tuo beabis. Scire imprimis velim quomodo tecum agatur ut valeas, ut res constitutae sunt tuae. Mihi beneficio Dei regisque otium hoc negotiosum, neque enim inertiae litare possum, non male ponitur et Musas eo meliori fide amplector, quo saepius ob res alias ab illis divellor. His diebus Rhythmum sive libellum anonymi poetae Germani cum animadversionibus meis typographo committam, in laudem Ammonis[3]) archiepiscopi

---

[1]) Basel, G.² I, 22, vol. 26; fol. 180.
[2]) Vgl. oben S. 45, A. 1.
[3]) So in der Handschrift, natürlich Annonis. Gemeint ist die Goedeke S. 446, Nr. 45 angeführte Schrift. Sie ist 6 Bll. und 66 SS. in kl. 8°. Die Anmerkungen übersteigen den Text bei Weitem. Sie enthalten sachliche und besonders sprachliche Bemerkungen, Parallelstellen aus anderen Schriften, deutschen und lateinischen, Citate aus Wörterbüchern, gelehrte Notizen aus Werken von Zeitgenossen und Vorgängern. Es würde sich wol verlohnen, ausser dem Verdienste Opitz', dieses mittelalterliche Werk herausgegeben zu haben, auch seine Kenntniss der mittelalterlichen Sprache und die Art seiner kritischen Behandlung zu würdigen. Merkwürdigerweise hat B. bei Lebzeiten O.'s das Werkchen nicht erhalten. Am 13. Jan. 1640 schreibt er an den Fürsten Ludwig von Anhalt: „Mit verlangen erwarte ich unserer Buchführer rückkunft von Leipzig, ob Sie dass alte Deutsche Lobgedichte, einem Bischoff Zu Cölln etwa gefertiget, So Herr Opitz Sehl. mit Erklerungen raussgeben, mitbringen möchten. Denn solches zu lesen ich nicht wenig begierig bin". Darauf antwortet der Forst 13. März 1640: „Bischoff Annens von Cölln altes Deützsche Reimgedichte, darüber Herr Opitz Lateinische anmerkungen gemacht, haben wir an einen ortt verschicket, es seind die alten wortte unsers ermessens noch nicht alle verstanden oder erkläret worden, Doch ist das meiste darbey gethan. Wo ferne ihr es noch nicht erlanget, wollen wir es euch,

Coloniensis. Vides me aliquid audere etiam postquam officii mei ratio studiis meas curas pene ademit. Quae tu carmina in nuptias principis celsissimi Joh. Georgii meditatus es intueri gestio[1]), inprimis literas tuas quibus mihi jucundiores nullae. Nobilissimus Barthius noster ubi terrarum degat, itidem indicabis. Vale, pectus amantissimum et me ama. Gedani d, 5. Febr. A. N. anno 1639[2]).

Tuus
M. Opitius.

so bald wir es wieder bekommen, gerne überschicken". (Krause, Erzschrein S. 232 und 236.) — Am 17. Aug. 1639, also wenige Monate, nachdem er diesen Brief geschrieben hatte, starb Martin Opitz.

[1]) Das Ballet: Orpheus und Euridice, s. oben S. 18.
[2]) In der Handschrift: 1629, jedenfalls irrthümlich.